BUKOWSKI

BUKOWSKI

O amor é um cão dos infernos

Tradução
Júlia Manacorda

Rio de Janeiro, 2024

Copyright © 1977 by Charles Bukowski. All rights reserved.
Copyright da tradução © 2023 por Casa dos Livros Editora LTDA. Todos os direitos reservados.
Publicado mediante acordo com a Ecco, um selo da HarperCollins Publishers.
Título original: *Love Is a Dog from Hell*

Todos os direitos desta publicação são reservados à Casa dos Livros Editora LTDA. Nenhuma parte desta obra pode ser apropriada e estocada em sistema de banco de dados ou processo similar, em qualquer forma ou meio, seja eletrônico, de fotocópia, gravação etc., sem a permissão do detentor do copyright.

Publisher: *Samuel Coto*

Editora executiva: *Alice Mello*

Editora: *Lara Berruezo*

Editoras assistentes: *Anna Clara Gonçalves e Camila Carneiro*

Assistência editorial: *Yasmin Montebello*

Produção editorial: *Heleine Fernandes e Thadeu Santos*

Design de capa: *Flávia Castanheira*

Ilustração de capa: *Rodrigo Visca*

Diagramação: *Abreu's System*

Dados Internacionais de Catalogação na Publicação (CIP)
(Câmara Brasileira do Livro, SP, Brasil)

Bukowski, Charles
O amor é um cão dos infernos / Charles Bukowski ; tradução Júlia Manacorda. – Rio de Janeiro : HarperCollins Brasil, 2024.

Título original: Love Is a Dog From Hell
ISBN 978-65-6005-154-6

1. Poesia norte-americana I. Título.

24-190181   CDD-811.3

Índices para catálogo sistemático:
1. Poesia : Literatura norte-americana   811.3

Aline Graziele Benitez – Bibliotecária – CRB-1/3129

Os pontos de vista desta obra são de responsabilidade de seu autor, não refletindo necessariamente a posição da HarperCollins Brasil, da HarperCollins Publishers ou de sua equipe editorial.

HarperCollins Brasil é uma marca licenciada à Casa dos Livros Editora LTDA.
Todos os direitos reservados à Casa dos Livros Editora LTDA.
Rua da Quitanda, 86, sala 601A – Centro
Rio de Janeiro, RJ – CEP 20091-005
Tel.: (21) 3175-1030
www.harpercollins.com.br

Para Carl Weissner

Sumário

Nota da tradutora
por Júlia Manacorda   9

Três considerações sobre Bukowski
por Liana Ferraz   11

Parte i: Mais uma criatura tonta de amor   17

Parte ii: Eu, e aquela velha mulher:
lamentamos   97

Parte iii: Scarlet   209

Parte iv: Melodias populares
no que restou de sua mente   253

Nota da tradutora

Convivo com a língua inglesa desde 1997 quando foi lançado *Final Fantasy VII*. Foi um ano atribulado, eu me alfabetizava e causava alvoroço no colégio com minha hiperatividade, mas apesar dos pesares, aprendi ali que dicionários existiam: amor à primeira vista. Meu pai, sorte a minha, presente e observador, decidiu unir meus dois fascínios do momento me dando um dicionário português-inglês. Podia, então, cruelmente, apagar o *save* do meu primo e decidir, por minha conta e somente, o rumo das vidas daquela gente de cabelo pontudo e colorido. Aos seis anos, adquiri soberania e uma relação com a língua inglesa que pautaria escolhas fundamentais da minha vida: minha formação e meu ofício.

Acreditei, no entanto, por tempo demais, que esta relação, por ser longeva, fosse apenas familiar: que dividíamos a casa, talvez, até mesmo o quarto. Foi o ofício da tradução que me ensinou que toda familiaridade pressupõe uma distância, afinal, por mais que o convívio seja rotineiro, é sempre, também, um encontro de alteridades. A tradução é, de acordo com Jhumpa Lahiri, o reconhecimento forçado dessa distância, ou melhor, de alguma distância. Traduzindo Bukowski, me senti, mais uma vez, próxima da língua que traduzia, porém, mais distante da minha — o português brasileiro —, explico: a sintaxe prosaica e conversativa de Bukowski me aproximou, de forma surpreendente, da língua do poeta, mas os temas me distanciaram do autor — tal como o tio que toca Zeca Pagodinho nos churrascos da família, mas fala obscenidades intratáveis —, e, ironicamente, me fizeram observar uma distância com a minha língua, ao procurar por termos populares de vagina que tivessem, sobretudo, duas sílabas para que melhor se encaixassem na cadência da tradução.

Eu precisava de variedade e para isso recorri ao meu melhor acervo de ditos populares e empoderamento feminino: o grupo de WhatsApp de minhas tias, conhecido por "irmãs". O grupo é fechado, então, pedi que minha mãe encaminhasse meu áudio de ajuda para elas. Em meu pedido, precisei minhas demandas, palavras dissílabas e que não tivessem conotação depreciativa como "xota" muitas vezes assume. O debate foi caloroso, se alongou para além do período da tradução, foi a grande pauta do Natal e, quando cheguei em casa, minha madrinha disse, para que todos ouvissem, que tinha pesquisado o assunto. Seguiu-se assim uma penca de canções — do partido alto carioca ao funk, e minha contribuição, advinda de um amigo querido, com "Xiri Meu", de Patativa do Assaré, uma das grandes do partido alto maranhense, sucesso estrondoso.

O que me era infamiliar se tornou assunto familiar, distâncias foram percorridas, que jamais teriam sido se eu não tivesse saído da minha zona de conforto — escritoras modernistas estadunidenses — e traduzido Bukowski. Não direi que esta será uma caminhada agradável para quem se aventure a lê-lo, mas, certamente, depois de um tornozelo torcido aqui e algumas unhas perdidas nas irregularidades das calçadas, uma brisa marítima ou outra atenuará o esforço da subida, mas cuidado pois o sal fere a pele.

Júlia Manacorda pesquisa e traduz o modernismo estadunidense.

Três considerações sobre Bukowski

Ao aceitar o convite para escrever um prefácio para esta obra, coloquei-me em risco: não sabia se gostaria da leitura sobre a qual estava prestes a falar. Conhecia o poeta e gostava de vários de seus textos, mas desgostava de outros tantos também. Não pelos textos em si, mas pela construção da figura feminina em seus relatos. A editora me concedeu total liberdade e encarei a tarefa. Bom, terminei a obra que estão prestes a ler com uma visão bastante diversa da que tinha ao ler alguns poemas soltos de vez em quando, já sublinhados no que têm de problemáticos. Agora tenho a impressão de estar diante de um poeta disposto ao vaivém de afetos que causa; um poeta que tem um dedo apontado também para si. Para compartilhar alguns pensamentos que elaborei durante a leitura, organizei três brevíssimos ensaios. Vamos a eles.

I. GOSTARIA DE LER BUKOWSKI NUM OUTRO MUNDO

e agora me pergunto
de nós dois
que animal

vai devorar o
outro primeiro
fisicamente
e depois
espiritualmente?
se nós consumimos animais
então um de nós
consome o outro,
meu amor.

Os poemas de Bukowski são de carne, osso, líquidos e muitas imperfeições. Textura do real e da pele de alguém que reconhece e escreve sobre o que há de escatológico e amoral no fetiche, no sexo e — por que não? — no amor. Gosto disso.

Leio os textos e algo se move. Tem algo quente e fresco ali. Algo vivo e cru. Algo que podem até debater se é digno das camadas mais elevadas do Olimpo da literatura. O tipo de discussão que me interessa, justamente porque sei que estou do lado de quem escreve para ser entendido por muitos e não celebrado por seus pares. Também gosto disso.

As leituras que faço do controverso autor, porém, me sacodem de imediato para uma realidade onde, como mulher lendo um homem, acoplo o desejo masculino à violência. A penetração para mim é essa: a violência está penetrada no desejo. A culpa é do mundo ou do poeta? Digo isso pois me sinto objeto em vários de seus textos, mas se fosse o outro mundo talvez eu pudesse me excitar com as fantasias de um homem faminto e revezar com ele a posição não só sexual, mas social: agora você vem por cima, amor. Agora é minha vez. Gostaria de fechar o livro e ter logo ali outra obra tão ou mais carne viva e sexual do que esta que está prestes a ler, mas escrita por uma mulher. E que essa mulher, a autora, ocupasse o lugar de poeta e inspirasse outras mulheres à liberdade do gozo. E que essa mulher, a poeta underground, ocupasse com seriedade os palanques dos eventos literários. E eu leria, ora um, ora outro, dedilhando a dinâmica da troca, de ser objeto de desejo e depois revirar na cama, o outro lado, agora você, homem, se mostra para mim como um pedaço de carne e eu salivo. Ah, se fosse outro o mundo. Mas não é.

Os poemas de Bukowski, em um mundo ideal, seriam deliciosos. Continuam sendo, mas carregam no avesso o medo do gancho do açougue. Quem erra, afinal? O poeta e sua caneta fálica ou o mundo que está desequilibrado, pendendo e derrubando sempre a mulher que reivindica a sua vez de gozar?

2. QUEM SÃO AS MULHERES DOS POEMAS?

ela é do Texas e pesa
47 quilos
e encara o
espelho penteando oceanos
de ondas rubras
que desaguam por suas
costas até a bunda.
o cabelo é mágico e dispara
faíscas enquanto me deito na cama
e fico vendo ela
penteá-lo. ela parece saída
dos filmes mas está
aqui de fato.

"Ela parece saída dos filmes, mas está aqui de fato." Que bom que a poesia não exige comprovação dos fatos! E podemos olhar sem método científico para os acontecimentos. Nenhuma narrativa é imparcial. São os olhos, a pele, os ouvidos do poeta que captam e traduzem em palavras as paisagens e pessoas de seus poemas. Bukowski tem as mulheres quase como tema único neste livro e as descreve como lhe convém. São deusas em alguns momentos, em outros são tão terrenas que é constrangedor acompanhar uma descrição sem eufemismo nem metáforas. O que gosto de pensar é que o fato de ser real ou inventada a vida das "musas" de Bukowski é totalmente irrelevante. Tanto faz se existiu a texana, a mulher com dentes tortos, a que se apaixona, a que não volta mais. Tanto faz se são todas uma mesma, tanto faz se são inúmeras e bastante diferentes do que as narradas por ele. Com a selvageria dos relatos, sinto-me, como mulher, possível de ser muitas. É contraditório se enlaçarmos a poesia ao academicismo do debate antropológico, social, histórico (e necessário) que os poemas podem evocar, mas, livre do vínculo entre palavra poética e palavra conceito, é possível divertir-se com as personagens que parecem gozar bem mais do que as cantadas por outros poetas e retratadas como puras, imaculadas e feitas para um amor terno e altruísta. Surpreende-me, portanto, que a leitura mais demorada da obra de um autor polêmico e controverso opere em mim um movimento de frescor e entusiasmo.

3. O POETA TEM UM CORPO

Ao homem comum, um corpo. Ao homem comum que é poeta, um corpo que convive em simbiose com a ideia. As palavras do poeta, viscerais e sem fugir do que há de viscoso nas entranhas, encarnam em imagens tão reais e íntimas que embaraçam o leitor. Compartilhar a intimidade, a subjetividade, a singularidade do olhar e do defecar. Alternar entre um corpo que filosofa e ejacula com velocidade desconcertante. Sentir-se velho, sentir-se perto da morte, contar das hemorroidas, da dor da solidão, contar da trepada fenomenal e da câimbra na perna durante o ato, contar da barata no azulejo e da bebida, da bebida, da bebida. O poeta tem fígado e coragem. O poeta mija e sente-se só. E não é apesar de ter um corpo. Não é a prisão da alma e da ideia. O corpo é a alma da palavra em Bukowski. Como criar colocando-se tão nu e exposto, sem correr o risco de ser asqueroso? Desvia-se do que gritam os poemas, pois há neles algo de tão vulgar que só é possível evitar olhar. Mas o corpo não é um manual de conduta e de boas maneiras. Um corpo é um mecanismo misterioso e excretor. À poesia-corpo, que recaiam olhares não benevolentes, mas dispostos ao toque. À poesia-corpo de um homem, que recaiam as fúrias e as alegrias, a excitação e a repulsa, e toda forma de manifestação erótica. O poeta se coloca disposto ao sexo e ao soco.

Liana Ferraz é atriz e escritora, doutora e pesquisadora da palavra poética. Seu romance de estreia, Um prefácio para Olívia Guerra, *foi lançado em 2023 pela HarperCollins.*

I

Mais uma criatura tonta de amor

sandra

esbelta
orelhas furadas
quarto de donzela
vestida
em cetim

está sempre alta
em saltos
espírito
bala e
cachaça

Sandra se inclina
em sua poltrona
se inclina
em direção a
Glendale

espero sua cabeça
bater na maçaneta

do guarda-roupa
enquanto tenta
acender
um cigarro no
outro

aos 32 gosta
de novinhos ajeitados
imaculados
os rostos como o fundo
de um pires recém-comprado

ela anunciou exatamente assim
e me trouxe
seus prêmios
para inspeção:
mudos nulos loiros de
carne fresca
que
a) sentam
b) levantam
c) falam
ao seu comando

às vezes ela traz um
às vezes dois
às vezes três
para minha
inspeção

Sandra fica muito bem
de cetim
Sandra sem dúvidas partiria
o coração de um homem

espero que ache
esse homem

VOCÊ

você é um monstro, ela disse
essa enorme barriga branca
e esses pés peludos.
jamais corta as unhas
tem mãos gordas
garras felinas
fucinho brilhante
e as maiores bolas
que eu já vi.
esguicha esperma como
baleias esguicham água de
seus buracos nas costas.

monstro monstro monstro,
ela me beijou,
o que você quer para
o café da manhã?

a deusa de um metro e oitenta

sou grande
por isso, suponho, que minhas mulheres sempre pareçam
pequenas
mas esta deusa de um metro e oitenta
que negocia propriedades
e obras de arte
e voa do Texas
só para me ver
e eu voo para o Texas
para vê-la —
bem, há muito o que nela
agarrar
e eu agarro
ela,
puxo seus cabelos para trás,
sou um verdadeiro macho,
chupo seus lábios superiores
seus lábios inferiores
sua alma
monto nela e digo:

"vou jorrar porra branca e quente
dentro de você. Não voei de Galveston
 até aqui para jogar
xadrez".

depois deitamos parecendo vinhas humanas
meu braço esquerdo sob o travesseiro dela
meu braço direito sobre seu o corpo dela
pego suas mãos,
meu peito
pau
barriga
bolas
se enroscam nela
e no escuro
raios
e trovões
nos atravessam
cá e lá
cá e lá
até que desfaleço
e juntos dormimos.

ela é selvagem
mas doce
minha deusa de um metro e oitenta
me faz rir
o riso dos mutilados
ainda necessitados
de amor,
e seus olhos abençoados

correm para dentro de sua cabeça
como nascentes alpestres
profundas
e
frescas e boas.

ela me salvou
de tudo que não está
aqui.

já vi por demais, repousando debaixo da ponte, olhos vidrados bebendo vinho barato

senta comigo
no sofá
esta noite
você,
nova mulher.

assistiu aos documentários
sobre animais
carnívoros?

a morte é exposta.

e agora me pergunto
de nós dois
que animal
vai devorar o
outro primeiro
fisicamente
e depois
espiritualmente?

se nós consumimos animais
então um de nós
consome o outro, -
meu amor.

enquanto isso
prefiro que você vá
primeiro do primeiro jeito
se os gráficos de desempenho
significarem alguma coisa
certo que irei primeiro
do último
jeito.

tesuda

"sabe", ela disse, "você estava
no bar então não viu mas
dancei com esse cara.
dançamos e dançamos
agarradinhos.
mas não fui para casa com ele
porque ele sabia que eu estava com
você."

"muito obrigado",
agradeci.

ela sempre está pensando em sexo,
o carrega com ela para cima e
para baixo como se ele coubesse num
saquinho de mercado.
quanta energia.
ela nunca se esquece.
encara todo homem disponível
nas padarias pela manhã

sobre bacons e ovos
ou mais tarde
sobre um lanchinho ou
um bife no jantar.
"me moldei sob exemplo de
Marilyn Monroe", ela me
disse.

"ela sempre está correndo para
uma boate local, dançar
com um babuíno", me disse, certa
vez, um amigo, "me surpreende que
tenha aguentado por tanto tempo."
no hipódromo, ela desaparecia
então voltava dizendo
"três homens me oferecem
drinques."

ou eu a perdia no estacionamento
e para achá-la a procurava
ao lado de um estranho.
"bem, ele veio desta direção
e eu daquela e meio que
caminhamos juntos. eu
não queria ferir os sentimentos
dele."

ela me disse que eu era um homem
muito ciumento.

um dia ela apenas
submergiu

dentro de seus órgãos sexuais
e desapareceu.

foi como um despertador
caindo no
Grand Canyon.
batia e vibrava e
tocava e tocava
mas não pude mais
vê-la ou ouvi-la.

estou melhor
agora.
estou fazendo sapateado
e usando um chapéu de feltro
preto puxado pra baixo
sobre meu olho
direito.

doce música

vence o amor porque não tem
feridas: pela manhã
ela liga o rádio, Brahms ou Ives
ou Stravinsky ou Mozart. ela cozinha
os ovos contando os segundos em voz alta: 56,
57, 58... descasca, e me serve
na cama. depois do café da manhã
é a mesma poltrona e escutar música
clássica. ela está no seu primeiro copo
de scotch e seu terceiro cigarro. digo
a ela que devo ir ao jóquei. ela
está aqui há duas noites e dois dias. "quando
a verei de novo?" pergunto. ela
sugere que cabe a mim. aceno
com a cabeça e Mozart ressoa.

entorpeça o cu o cérebro o coração

saía de um caso que terminou mal.
francamente, estava no fundo do poço
me sentindo um lixo e pra baixo
quanto tentei a sorte com essa madame com uma cama larga
coberta por um dossel repleto de joias
e mais
vinho, champagne, cigarros, opioides e
tv a cores.
ficamos na cama
bebendo vinho, champagne, fumando, nos dopando
aos montes
enquanto eu (me sentindo um lixo e pra baixo)
tentava superar esse caso que terminou
mal.
assistia à tv tentando embotar meus sentidos,
mas o que realmente ajudou
foi este longuíssimo
(criado especialmente para a tv) drama sobre
espiões —
americanos e russos, e

eram todos tão espertos e
interessantes —
nem seus filhos sabiam
suas esposas não sabiam, e
de certa maneira
eles mal sabiam —
descobri a contrainteligência, o agente duplo:
caras que trabalhavam para os dois lados,
então tinha esse agente duplo que se
tornou um agente triplo, a coisa
ficou agradavelmente confusa —
acho que nem o cara que escreveu o roteiro
sabia o que estava acontecendo —
aquilo seguiu por horas!
hidroplanos se chocando contra icebergs,
um padre em Madison, Wisconsin, matou seu irmão,
um bloco de gelo foi despachado num porta-joias para o Peru
no lugar do maior diamante do mundo, e
loiras entram e saem de quartos comendo
sonhos e nozes,
o agente triplo se tornou
um quádruplo e todo mundo amou
todo mundo
e se seguiu assim
as horas passaram
e tudo finalmente desapareceu como um clipe de papel
numa sacola de lixo e eu
me aproximei do aparelho e desliguei
dormi bem pela primeira vez
em uma semana e meia.

das mais gostosas

ela usava uma peruca platinada
e seu rosto era cheio de rouge e pó
e não economizava no batom
traçando uma enorme boca pintada
e seu pescoço, todo enrugado
mas ainda tinha a bunda de uma jovem
e as pernas, boas.
usava calcinha azul, a arranquei
levantando seu vestido sob a cintilação frenética da tv
a tomei de pé.
enquanto nos digladiávamos pelo quarto
(estou metendo numa cova, pensei, estou
trazendo os mortos de volta à vida, maravilhoso
tão maravilhoso
como comer azeitonas geladas às 3 da manhã
com metade da cidade em chamas)
gozei.

vocês, garotos, podem ficar com suas virgens
me deem as velhas gostosas de salto alto
com bundas que se esqueceram de envelhecer.

claro, é preciso dar o fora logo
ou ficar muito bêbado
o que dá
no mesmo.

por horas bebemos vinho e assistimos à tv
quando fomos pra cama.
pra dormir.
ela deixou os dentes no criado mudo,
a noite toda.

cinzas

peguei as cinzas dele, ela disse, e com elas
fui até o mar e espalhei as cinzas
e nem pareciam cinzas
e
o que pesava a urna
eram seixos verdes e azuis...

ele não te deixou nem um
milhão?

nada, ela disse.

depois de todos aqueles desjejuns
e lanchinhos e jantares? depois
de escutar toda aquela merda?

ele era um homem brilhante.

você sabe do que estou falando.

de qualquer forma, fiquei com as cinzas. e você comeu
minhas irmãs.

eu nunca comi suas irmãs.

sim, você comeu.

eu comi uma delas.

qual?

a lésbica, eu disse, ela me levou para jantar me pagou bebidas,
não tive muita escolha.

estou indo, ela disse.

não esquece sua garrafa.

ela entrou para pegá-la.

há tão pouco de você, ela disse, que quando você morre e
te botam no incinerador precisam acrescentar uma porção de
    seixos
verdes e azuis.

tá bem, eu disse.

te vejo em 6 meses! ela gritou e bateu a porta.

bem, acho que para me livrar dela terei que
comer a outra irmã. andei até o quarto e comecei

a dar uma olhada nos números de telefone. tudo que me lembrava
   é que ela
vivia em San Mateo e tinha um trabalho.
ótimo.

foda

arrancou o vestido
pela cabeça
e vi sua calcinha
enfiada na
bunda.

é simplesmente humano.
agora temos que fazer.
preciso fazer
depois daquele blefe.
é como uma festa —
dois idiotas
numa furada.

debaixo dos lençóis
apaguei as
luzes
e a calcinha ainda
estava lá. ela esperava
um número de abertura.
não posso culpá-la. mas

me pergunto por que ela está aqui
comigo? onde estão os outros
caras? como se pode ter tanta
sorte? ter alguém
por outros abandonada?

não era um dever fazer
mas era um dever fazer.
era como limpar o nome
com o auditor da receita.
tirei a calcinha. decidi não
usar a língua. e mesmo ali
depois de tudo acabar
eu ficava pensando.

dormiremos juntos
à noite
tentando nos enfiar no
papel de parede.

tento, falho,
reparo em seu cabelo
sobre a cabeça
sobretudo reparo no cabelo
sobre
a cabeça
e num vislumbre de
suas narinas
de porco

tento mais
uma vez.

eu

mulheres não sabem amar,
ele me disse.
você sabe amar
mas mulheres só querem
parasitar.
sei disso porque sou
mulher.

hahaha, eu ri.

não se preocupe em terminar
com Susan
porque ela simplesmente vai
parasitar outro.

conversamos um pouco mais
então eu disse adeus
desliguei o telefone
e fui pro cagador
despejar uma boa merda

de cerveja, pensando, bem,
ainda estou vivo
e tenho a habilidade de expelir
sobras do meu corpo.
e poemas.
enquanto isso acontecer
terei a habilidade de lidar
com traição
solidão
unha encravada
gonorreia
e as colunas sobre o mercado financeiro
da seção de economia.

com isso
me levantei
me limpei
dei descarga
então pensei:
é verdade:
sei como
amar.

coloquei a calça e fui até
o outro quarto.

outra cama

outra cama
outra mulher

mais cortinas
outro banheiro
outra cozinha

outros olhos
outro cabelo
outros
pés e dedos.

todos estão procurando.
a eterna busca.

você fica na cama
ela se veste pro trabalho
e você se pergunta o que aconteceu
à última
a que veio antes dela...

é tão confortável —
isso de fazer amor
dormir junto
a generosidade...

depois dela sair você se levanta e usa
o banheiro dela,
é tudo tão íntimo e tão estranho.
você volta pra cama e
dorme mais uma hora.

é com tristeza que você parte
mas verá ela de novo
quer funcione ou não.
você dirige até a costa e espera sentado
no seu carro. é quase meio-dia.

— outra cama, outras orelhas, outros
brincos, outras bocas, outros chinelos outros
vestidos
     cores, portas, números de telefone.

você já foi forte o suficiente para viver sozinho.
para um homem próximo dos sessenta você deveria ser mais
sensato.

você liga o caro e engata a primeira,
pensando, vou ligar pra Jeanie quando chegar,
não a vejo desde sexta.

encurralado

não desnude o meu amor
você pode encontrar um manequim;
não desnude o manequim
você pode encontrar
o meu amor.

ela há muito tempo
me esqueceu.

está experimentado um novo
chapéu
e se parece mais com uma
coquete
do que nunca.

ela é uma
criança
e um manequim
e
uma morte.

isso não posso
odiar.

ela não faz nada
fora do
comum.

e eu apenas quero que
faça.

hoje à noite

"seus poemas sobre as meninas estarão por aí
50 anos depois de elas terem ido embora",
meu editor me liga.

caro editor:
as meninas aparentemente já
se foram.

sei o que você quer dizer

mas hoje à noite me dê uma mulher verdadeiramente
viva
que atravesse o salão para me encontrar

e você pode ter todos os poemas

os bons
os ruins
ou qualquer outro que eu possa escrever
depois desse.

sei o que você quer dizer.

você entende o que quero dizer?

a fuga

escapar de uma viúva negra
é um milagre tão grandioso quanto a arte.
que tramas ela tece para
lentamente te atrair
para um abraço
então, quando satisfeita,
te mata
enquanto te abraça
e te chupa todo o sangue.

escapei de uma viúva negra
porque tinha muitos machos
em sua teia
e enquanto abraçava um
então o outro e mais um
outro
me libertei
e retornei
para onde estava antes.

ela sentirá minha falta —
não do meu amor
mas do sabor de meu sangue,
mas ela é boa, achará outro
sangue;
ela é tão boa que quase sinto falta da morte certa,
mas não o suficiente;
escapei. vejo outras
teias.

a furadeira

nosso livro de casamento, é o que
diz.
passo as páginas.
durou dez anos.
já foram jovens.
agora durmo na cama dela.
ele liga pra ela:
"quero minha furadeira de volta.
já separa.
vou buscar as crianças pelas
dez."
ao chegar ele espera do lado
de fora.
as crianças vão até
ele.
ela volta pra cama
estico uma perna
até encostar nela.
eu também já fui jovem.
relacionamentos humanos simplesmente não

duram.
penso nas mulheres que passaram pela
minha vida.
parecem não mais existir.

"ele levou a furadeira?" pergunto.

"sim, ele levou a furadeira."

me pergunto se em algum momento voltarei
pra pegar minha bermuda
e meu disco gravado pela
Academy of St. Martin in the
Fields? acho
que sim.

texana

ela é do Texas e pesa
47 quilos
e encara o
espelho penteando oceanos
de ondas rubras
que desaguam por suas
costas até a bunda.
o cabelo é mágico e dispara
faíscas enquanto me deito na cama
e fico vendo ela
penteá-lo. ela parece saída
dos filmes mas está
aqui de fato. fazemos amor
ao menos uma vez por dia e
e ela consegue me fazer rir
sempre que
quer. mulheres texanas são sempre saudáveis, e além disso ela
limpa minha geladeira, e cozinha e
me alimenta com comida saudável
e lava a louça
também.

"Hank", ela me disse,
segurando uma latinha de
suco de toranja, "este é o melhor
de todos."
na lata: suco natural de toranja
ROSA texana.

ela se parece como Katherine Hepburn
se parecia quando estava
no ensino médio, eu assisto aqueles
47 quilos
penteando um metro e pouco
de cabelo rubro
em frente ao espelho
e a sinto em meus
pulsos e atrás dos meus olhos,
e os dedos e as pernas e a barriga
a sentem e a outra
parte também,
e toda Los Angeles se dobra
e chora por tamanha alegria,
as paredes de nossa alcova tremem —
o oceano bate e ela se vira
para mim e diz: "maldito cabelo!"
digo:
"sim".

a aranha

então houve um tempo em
Nova Orleans
em que eu vivia com uma gorda,
Marie, no Bairro Francês
e fiquei muito doente.
enquanto ela trabalhava
naquela tarde
eu ficava de joelhos
na cozinha
e rezava. eu não era um
homem religioso
mas era uma tarde muito escura
e eu rezei:
"querido Deus: se você me deixar viver,
prometo-Lhe nunca mais tomar
uma cerveja".
me ajoelhei e foi como um
filme —
assim que terminei a oração
as nuvens se abriram e o sol

atravessou as cortinas
e caiu sobre mim.
então me levantei e fui cagar.
havia uma aranha enorme no banheiro de Marie
mas caguei do mesmo jeito.
uma hora depois comecei a me sentir muito
melhor. dei uma volta pelo bairro
e sorri para as pessoas.
parei no mercadinho e peguei um
pack de 6 para Marie.
comecei a me sentir tão bem que uma hora depois
me sentei na cozinha e abri
uma das cervejas.
bebi essa então outra
então fui ao banheiro e
matei a aranha.
quando Marie chegou em casa
lhe dei um beijo daqueles,
então sentamos na cozinha e conversamos
enquanto ela cozinhava o jantar.
ela me perguntou do meu dia e
contei que matei a
aranha. ela não se
irritou. era uma boa
pessoa.

o fim de um caso breve

dessa vez
tentei mantê-lo de pé.
geralmente não
funciona.
dessa vez parecia
que...

ela vivia dizendo
"meu Deus, você tem
coxas lindas!"

estava indo bem
até que ela tirou os pés
do chão
e envolveu suas pernas
ao redor do meu meio.

"meu Deus, você tem
coxas lindas!"

ela pesava 63
quilos e ficou ali enquanto
eu trabalhava.

foi quando cheguei ao clímax
que senti a dor
se espraiar espinha
acima.

eu a joguei no sofá
e andei pelo
quarto.
a dor permaneceu.

"olha", disse a ela,
"melhor você ir. preciso
revelar alguns filmes
no quarto escuro."

ela se vestiu e se foi
fui até a cozinha
atrás de um copo
d'água. peguei um copo
cheio na mão esquerda.
a dor subiu pelas minhas
orelhas e
larguei o copo que
se espatifou no chão.

entrei na banheira cheia
de água quente e sais de epsom.
tinha acabado de me alongar

quando o telefone tocou.
tentei ajeitar minhas
costas
a dor se estendeu do meu
pescoço até os braços.
escorreguei então
me agarrei nas beiradas da
banheira e consegui sair
com lampejos verdes vermelhos
e amarelos
piscando em minha cabeça.

o telefone continuou tocando
atendi.
"alô?"

"EU TE AMO!", ela disse.

"obrigado", eu disse.

"isso é tudo que tem a
dizer?"
"sim."

"vá à merda!", ela disse e
desligou.

amor seca rápido, pensei
enquanto voltava para
o banheiro, mais rápido
que um jato de porra.

gemer e grunhir

ela escreve: você vai
gemer e grunhir
em seus poemas
sobre como fodi
aqueles 2 caras semana passada.
te conheço.
ela escreve para
dizer que meu sensor
estava certo —
ela acabou de foder
com um terceiro cara
mas ela sabe que eu não
quero saber quem, por que
ou como. ela fecha a
carta, "Com amor".

ratos e baratas
triunfaram de novo.
aqui o rato correndo
com uma lesma em

sua boca, e tá cantando
velhas canções de amor.
feche as janelas
gema
feche a porta
grunha.

um poema quase inventado

vejo você bebendo da fonte com suas minúsculas
mãos azuis, não, suas mãos não são minúsculas
são pequenas, e a fonte é na França
de onde me escreveu a última carta
que lhe respondi mas nunca mais ouvi falar de você de novo
você costumava escrever poemas insanos sobre
ANJOS E DEUS, e tudo sempre em maiúscula, e você
conhecia artistas famosos e a maioria deles
eram seus amantes, te retornei, está tudo bem,
vá em frente, entre em suas vidas, não sou ciumento
afinal nunca nos encontramos. certa vez estivemos bem próximos
em Nova Orleans, cerca de uma quadra, mas nunca nos encon-
     tramos, nunca
nos tocamos. então você saiu com o famoso e escreveu
sobre o famoso, e, claro, o que você descobriu
é que o famoso estava muito preocupado
com a fama — não com a linda mulher na cama
com ele, que entregava *aquilo*, e acordava
pela manhã para escrever poemas em maiúsculas sobre
ANJOS E DEUS. sabemos que Deus está morto, eles nos

contaram, mas escutando você não tenho mais certeza. talvez
seja a letra maiúscula. você é uma melhores poetas
mulheres por isso disse às editoras,
aos editores: "publiquem ela, publiquem ela, ela é louca mas ela é
mágica. não há mentira no fogo". eu te amava
como um homem ama uma mulher que ele não pode tocar, apenas
escrever para e guardar pequenas fotografias. e eu teria te
amado mais se eu tivesse sentado num quarto pequeno enrolado
    um
cigarro e escutado você mijar no banheiro,
mas não aconteceu. suas cartas ficaram mais tristes.
seus amantes te traíram. criança, te escrevi de volta, todos
os amantes traem. não ajudou. você disse
que tinha um banquinho de choro perto de uma ponte e
a ponte era sobre um rio e você sentava lá no banquinho
do choro toda noite e chorava por todos os amantes que haviam
te machucado e esquecido de você. eu te escrevi de volta mas
    nunca
ouvi de você de novo. um amigo me escreveu sobre seu suicídio
3 ou 4 meses depois do acontecido. se eu tivesse te conhecido
provavelmente teria sido infiel a você ou você a
mim. foi melhor assim.

queijo azul e malagueta

estas mulheres supostamente deveriam vir
me ver
mas nunca
vieram.
tem aquela com a cicatriz longa na
barriga.
tem a outra que escreve poemas
e liga às 3 da manhã, dizendo:
"te amo".
tem aquela que dança com uma
jiboia
e escreve a cada quatro
semanas, ela
virá, ela diz.
e a 4° que afirma sempre
dormir
com meu último livro
sob seu
travesseiro.

no calor me masturbei
escutando Brahms e comi
queijo azul com
malaguetas.

estas são mulheres boas de cabeça e
corpo, excelentes dentro ou fora
da cama, perigosas e fatais,
óbvio —
mas por que todas moram lá
no norte?

sei que um dia chegarão,
mas duas ou três
no mesmo dia, e
vamos nos sentar e conversar
e então elas irão partir todas
juntas.

um outro as terá
e eu irei caminhar com
minha bermuda surrada
fumando mais do que deveria
e tentando fazer drama
de
progresso
algum.

problemas relacionados à outra

eu usei meu charme nela
por algumas noites no bar —
não que fôssemos novos amantes,
eu a amei por 16 meses
mas ela não queria vir aqui em casa
"porque outra mulher tinha vindo aqui",
eu disse: "tudo bem, tudo bem, o que faremos?"

ela tinha vindo do norte e estava procurando um
lugar pra ficar
enquanto ficava com uma amiga
e foi até seu trailer alugado
pegar uns cobertores e disse:
"vamos ao parque".
respondi que era loucura
os policiais nos pegariam
mas ela disse: "não, está agradável e enevoado",
então fomos ao parque
largamos o equipamento e começamos
a trabalhar e foi quando chegaram os faróis —

uma patrulha —
ela disse: "corra, coloque suas calças! já botei
as minhas!"
eu devolvi: "não posso, está toda enrolada".
e eles vieram com suas lanternas
e perguntaram o que estávamos fazendo e ela falou:
"uns amassos!", um dos policiais me olhou e
disse: "não posso culpá-lo", e depois de um pouco
de conversa fiada nos deixaram ir.
mas ela não queria estar na cama onde aquela mulher
esteve,
daí acabamos num quarto escuro de um motel quente
suados beijando e trabalhando
até que fizemos bem; quero dizer,
depois de todo aquele sofrimento...
estamos na minha casa finalmente
na tarde seguinte
fazendo o mesmo.

aqueles não eram policiais ruins
naquela noite no parque —
e é a primeira vez que digo isso
sobre policiais,
e,
espero,
que. seja a última
também.

m.t.

ela vivia em Galveston e estava na onda de fazer
M.T.
e fui lá visitá-la e fizemos amor
continuamente ainda que o tempo estivesse
quente
e tomamos mescalina
e tomamos a balsa até a ilha
e dirigimos 300 quilômetros até
o hipódromo mais próximo.
nós dois vencemos e fomos a um bar de caipiras —
odiado e desacreditado pelos nativos —
então fomos a um motel de caipiras
e voltei em um dia ou dois
e fiquei outra semana
pintei um ou dois quadros decentes para ela —
um homem enforcado
um outro de uma mulher sendo fodida por um lobo.
acordei certa noite e ela não estava na cama
levantei e andei pela casa dizendo:
"Gloria, Gloria, onde está você?"

o lugar era grande e andei pela casa
abrindo porta atrás de porta,
então, abri o que parecia ser a porta de um closet
e lá estava ela de joelhos
rodeada pelas fotografias de
7 a 8 homens
de cabeças raspadas
a maioria usando óculos de metal.
há uma pequena vela acesa
e eu falei: "ah, me desculpa".
Gloria usava um kimono estampado
com águias em suas costas.
fechei a porta e fui pra cama.
ela voltou 15 minutos depois.
começamos a nos beijar
a sua língua larga deslizando para fora
e para dentro de minha boca.
era uma grande mulher saudável do Texas.
"escute, Gloria", eu finalmente consegui dizer,
"preciso de uma noite de folga."

no dia seguinte ela me levou até o aeroporto.
eu prometi escrever. ela prometeu escrever.
nenhum de nós escreveu.

bee do quinto

eu o ouvi pela primeira vez quando transava com uma loira
que tinha a maior xoxota
de Scranton.

eu o ouvi de novo enquanto escrevia
à minha mãe
pedindo por 5 mil
e ela me enviou de volta
3 tampinhas de garrafas e
os talinhos dos indicadores
do vovô.

a quinta vai te matar
na grama ou no hipódromo,
a gatinha disse,
andando pelo tapete
espalhafatoso.

se a quinta não te matar
a décima te mata,

disse a prostituta Caliente.
enquanto corriam até
a bela bandeira vermelha de ketchup
93 bandidos choraram sob
a poeira roxa.

a quinta é como uma
formiga na copa cheia de
bengalas e
besouros
sugando
o sumo de laranja da aurora.

e peguei as 3 tampinhas de minha
mãe e
comi
enroladas em páginas
da Cosmopolitan.

mas *estou* cansado da
quinta
disse a essa mulher
em Ohio, certa vez. eu
tinha acabado de subir sacas de carvão por 3 lances
de escada
e estava bêbado e
tonto, e ela disse:

como você pode dizer não se importar
com algo maior do que você
jamais será?

e eu disse:

é fácil.

e ela sentou numa poltrona verde
e eu sentei numa vermelha
e depois disso
nunca mais fizemos amor
de novo.

40 graus

ela cortou as unhas dos meus pés na noite passada,
e de manhã ela disse "acho que vou
passar o dia deitada".
o que significa que ela não ia trabalhar.
ela estava no meu apartamento — o que significa outro
dia e outra noite.
ela era uma boa pessoa
mas havia acabado de me dizer que
queria um filho, casamento, e
estava 40 graus lá fora.
quando pensei em *outra* criança e
outro casamento
realmente comecei a me sentir mal.
já havia me resignado a morrer só
num quarto pequeno —
agora ela tentava remodelar meu plano de mestre.
além disso ela sempre batia a porta do meu carro com força
    demais
e comia com a cabeça muito próxima da mesa.
naquele dia tínhamos ido aos correios, a uma loja de

departamento e então a uma lanchonete para comer um sanduíche
no lugar do almoço.
eu já me sentia casado. dirigindo de volta quase
corri para um Cadillac.
"vamos encher a cara", eu disse.
"não, não", ela respondeu, "é muito cedo."
então bateu a porta do carro.
ainda fazia 40 graus.
quando abri a caixa dos correios e achei a seguradora
do carro pedindo mais 76 dólares.
de repente ela corre pro quarto e berra: "OLHA! ESTOU
TODA VERMELHA! TODA MANCHADA! O QUE EU
FAÇO?!"
"tome um banho", aconselhei.
fiz uma ligação interurbana para a seguradora e
demandei que me dissessem o porquê.
ela começou a gritar e gemer da
banheira e não conseguia escutar a ligação e disse: "só um
momento, por favor!"
cobri o telefone e gritei para que ela escutasse da banheira:
"OLHE! ESTOU NUMA LIGAÇÃO INTERURBANA!
SEGURA A ONDA, PELO
AMOR
DE DEUS!"
o pessoal da seguradora insistia que eu devia
76 dólares e me disseram que mandariam uma carta explicando
o porquê.
desliguei e fui me esticar na cama.
já estava casado, eu me sentia casado.
ela veio do banheiro e disse: "posso me deitar do
seu lado?"

eu disse: "ok".

em dez minutos a cor dela tinha voltado ao normal.

tudo porque tinha tomado niacina.

se lembrou de que isso acontecia sempre.

ficamos ali estirados e suados:

nervos. ninguém tinha espírito o suficiente para superar os nervos.

mas eu não podia dizer isso a ela.

ela queria o bebê dela.

que merda.

telefonema pacífico

vá com essas putas, ela disse,
vá com essas piranhas,
vou te encher o saco.

não quero ser uma merda de novo,
eu disse,
relaxa.

quando bebo, ela comentou, sinto minha
bexiga arder.

bebo por você, devolvi.

você só está esperando o telefone tocar,
ela disse,
passou o dia o encarando.
se uma dessas putas te ligar melhor
desaparecer daqui.

não posso te prometer nada, respondi.

então — sem mais nem menos — o telefone tocou.

é a Madge, disse a voz. preciso
te ver agora.

ah, eu disse.

estou enrascada, ela continua, preciso
de dez pratas — rápido

já já estou aí, falei, e
desliguei.

ela me encarou. era uma piranha,
ela disse, seu rosto se iluminou.
o que tem de errado
com você?

escuta, tenho que ir.
me espera. volto já.

tô indo também, ela falou. te amo mas
você é mesmo um doido condenado.

pegou a bolsa e bateu a porta.

é provável que seja algum trauma enraizado na minha infância
    de merda
que me fez vulnerável assim, pensei.

fechei a porta de casa e entrei no meu fusca.
segui norte pela Western com o rádio ligado.
há putas indo de baixo pra cima
dos dois lados da rua e Madge era
a mais viciante entre elas.

100 quilos

estávamos os dois na cama e
ela começou a briga:
"seu filho da puta! espere um minuto,
que eu te pego!"

começou a rir:
"o que foi? o que foi?"

"seu filho da puta!" ela gritava

tomei suas mãos enquanto ela se debatia

ela era alguns anos mais jovem que eu
e como a louca da comida saudável.
ela era *muito* forte.

"seu filho da puta! eu te pego!"
ela gritava.

rolei para cima dela com meus 100 quilos
e lá fiquei, sobre ela.

"uugg, uuuu, meu Deus, isso não é *justo*, uuuu, meu
Deus!"

rolei pro lado e fui até o outro cômodo
e me sentei no sofá.

"te pego, seu safado", ela disse, "apenas
espere!"

"só cuidado para não arrancá-lo fora", eu me defendi,
"ou fará outra meia dúzia de mulheres infelizes."

ela escalou a cabeceira da cama
(uma superfície plana embora estreita)
e lá se empoleirou assistindo as notícias na
tv.
a tv ficava de frente para o quarto e a iluminava
empoleirada, sentada
na cabeceira.

"pensei que fosse normal", falei, "mas é
tão louca quanto as outras."

"fica quieto", ela gritou, "quero assistir às
notícias!"

"olha", eu disse, "eu vou..."

"SHHHH!".

e lá estava ela empoleirada na minha cabeceira
realmente assistindo às notícias. eu a aceitei desse
jeito.

dar ré

ela dirige em direção ao estacionamento
enquanto me escoro no para-choque do meu carro.
ela está bêbada e seus olhos úmidos são lágrimas:
"seu filho da puta, você me fudeu quando
não queria. você disse me liga,
você disse venha pra perto,
então, você disse agora vá e me deixa quieta."

era tudo um tanto dramático como eu gosto:
"claro, então, o que você quer?"

"quero falar com você, quero ir até sua casa
e falar com você..."

"eu tô acompanhado. ela foi pegar um
sanduíche."

"preciso falar com você... leva tempo
pra superar as coisas. eu preciso de mais."

"claro. espera ela chegar. não somos
desumanos. podemos todos tomar um drinque juntos."

"merda", ela disse, "ah, que merda!"

ela pulou no carro e partiu.

chega a outra: "quem era?"

"uma ex-amiga."

agora *ela* partiu e estou aqui sentado e bêbado
e meus olhos parecem úmidos são lágrimas.
está muito silencioso e sinto como se uma lança
tivesse atravessado o meio das minhas entranhas.

vou até o banheiro, vomito.

misericórdia, penso, o ser humano não conhece nada
sobre misericórdia?

um poema para a velha dos dentes tortos

conheço uma mulher
obcecada por quebra-cabeças
chineses
resta-um
juntar
peças que finalmente se encaixam
em certa ordem.
ela trabalha
matematicamente
resolve todos os seus
quebra-cabeças
perto do mar
deixa o açúcar para as formigas
e acredita
definitivamente
num mundo melhor.
seu cabelo branco
raramente é penteado
seus dentes são tortos
e se veste com largos macacões

amorfos sobre um corpo que
qualquer mulher gostaria de ter.
por muitos anos me irritou
com o que considero
excentricidades —
como deixar cascas de ovo de molho
(para nutrir as plantas assim
adquirem cálcio).
mas finalmente quando penso
na vida dela
e comparo a outras mais
deslumbrantes, originais
e belas
percebo que ela machucou menos
gente do que qualquer pessoa que conheço
(e por machucar apenas quero dizer machucar).
ela teve dias difíceis,
dias em que deveria
estar mais presente
porque ela é a mãe da minha única
filha
e fomos grandes amantes,
mas ela se recuperou
como eu disse
ela machucou menos gente que
qualquer pessoa que conheço,
e se você pensar bem,
assim,
ela criou um mundo melhor.
ela venceu.

Frances, este poema é para você.

comunhão

cavalos correm com
ela a milhas de distância
rindo com um
tolo

Bach e a bomba de hidrogênio
e ela a milhas de distância
rindo com um
tolo

o sistema bancário
macacos hidráulicos
as gôndolas de Veneza
e ela a milhas de distâncias
rindo com um
tolo
você nunca viu
uma escada antes
(cada degrau olhando para você
separadamente)

e lá fora
o moleque entregando o jornal
parecendo imortal
enquanto os carros
atravessam o sol
que nem um inimigo
e você se pergunta
por que é tão difícil
enlouquecer —
se é que você já não
enlouqueceu

até agora
você não tinha visto uma
escada que se parece
com uma escada
uma maçaneta que se parece
com uma maçaneta
e sons como estes sons

e quando a aranha aparece
e olha para você
finalmente
você já não a odeia
finalmente
com ela a milhas de distância
rindo com um
idiota.

tentando um empate

tínhamos fumado alguns baseados e tomado algumas
cervejas e eu estava estirado na cama
quando ela disse: "olha, fiz 3 abortos
em seguida, foi muito rápido, estou cansada
disso, não quero que você enfie aquela
coisa em mim!"

a coisa crescia e ambos
a observávamos.
"ah, por favor", eu falei, "minha namorada transou com
2 caras diferentes essa semana, estou
tentando empatar."

"não me envolva na sua merda
doméstica! agora o que eu quero é você
BATENDO uma PUNHETA enquanto eu FICO VENDO!
quero VER você batendo até
GOZAR! quero ver porra JORRANDO!"

"ok, coloca o rostinho perto."

ela se aproximou e eu lustrei minha mão
e comecei os trabalhos.

foi crescendo. antes de gozar
parei, o segurei na base
esticando a pele,
a cabeça latejando
roxa e brilhante.

"olhaaa", ela me falou.
lançando a boca sobre ele,
chupando
e se afastando.

"termine!", eu mandei.
"não!"

voltei a bater e parei de novo
no último instante e o segurei pela
base enquanto o balançava ao
redor do quarto.

ela o encarou
e caiu em cima de novo
chupando e
se afastando.

nós alternamos o processo
pra lá e pra cá

de novo e de novo.

finalmente, a tirei
da cadeira e
a joguei na cama
rolei pra cima dela
e meti
trabalhei
trabalhei
e gozei.

quando ela voltou
do banheiro, ela disse:
"seu filho da puta, te amo,
te amo há muito tempo.
quando eu voltar para Santa Bárbara
te escrevo. tô
vivendo com esse cara mas eu odeio
ele nem sei o que tô
fazendo com ele".

"ok", eu falei, "mas agora que você está
em pé. tem como me pegar um copo
de água? estou seco."
ela andou até a cozinha e
ouvi reclamar que todos os
meus copos estavam
sujos.

eu disse para ela usar uma
caneca. escutei
a água correr e

pensei, uma transa a mais

e vai empatar

não posso estar apaixonado pela minha namorada de novo —
isso

se ela não tiver adicionado um ponto extra

ao placar

tenho certeza de que

sim.

chicago

"consegui", ela disse, "sobreviver."
as botas, as calças
e o suéter branco eram novos. "sei o que
quero agora." ela era de Chicago
e tinha se fixado em Fairfax, um bairro de L.A.

"você me prometeu champagne",
ela falou.
"eu estava bêbado quando liguei. que tal
uma cerveja?"
"não, me passa o baseado."
ela puxa, e deixar sair a fumaça:
"não é grande coisa."
e me devolveu.

"há uma diferença", eu disse, "entre fazer
a coisa e simplesmente ficar duro."

"você gosta das minhas botas?"

"sim, bonitas."
"escuta, tenho que ir. posso usar
o banheiro?"
"claro."

quando ela voltou, voltou com o lábios
grandes e pintados. não via um desses
desde que era moleque.
a beijei a caminho da porta
senti o batom marcar os
meus lábios.

"tchau", ela disse.
"tchau", eu disse.

ela saiu caminhando até o seu carro.
fechei a porta.
ela sabia o que queria e não era
eu.
conheço mais mulheres desse tipo do que
qualquer outro.

calmas meninas em vestidos campestres...

tudo que conheci foram putas, ex-prostitutas,
desvairadas. vejo homens acompanhados por
calmas e gentis senhoras — os vejo nos supermercados,
os vejo caminhando juntos pelas ruas,
os vejo em seus apartamentos: pessoas em
paz, vivendo juntas. sei que essa
paz é parcial, mas há
paz, horas e horas e dias de paz.

tudo que conheci foi gente frita, alcoólatra,
putas, ex-prostitutas, desvairadas.

quando uma sai
outra chega
pior que sua antecessora.

vejo tantos homens com meninas tranquilas em
vestidos campestres
meninas com semblantes que não são de predadoras
ou feras.

"nunca traga uma puta aqui", digo aos meus
poucos amigos, "vou me apaixonar por ela."

"você não bancaria uma boa mulher, Bukowski."

preciso de uma boa mulher. preciso de uma boa mulher
mais do que desta máquina de escrever, mais do que
meu carro, mais do que preciso
de Mozart, preciso tanto de uma mulher boa que
posso senti-la no ar, posso senti-la
em meus dedos, vejo calçadas
construídas para seus pés,
vejo travesseiros feitos para sua cabeça,
posso sentir a expectativa na minha risada,
posso vê-la acariciando um gatinho,
posso vê-la dormindo,
posso ver seus chinelos no chão.

sei que ela existe
mas onde nesse planeta a encontro
enquanto as putas continuam me encontrando?

provaremos ilhas e mar

sei que haverá uma noite
um quarto
sei que será em breve
em que meus dedos
abrirão
caminho
por um cabelo
macio e limpo.

tais canções tocam
nas rádios

toda tristeza, escarnecendo-se
numa correnteza.

II

Eu, e aquela velha mulher: lamentamos

este poeta

este poeta tinha bebido por 2, 3 dias consecutivos quando ca-
    minhou até o
palco e avistou a plateia e soube imediatamente o que ia
fazer. havia um piano de cauda no palco o poeta se dirigiu a ele
abriu sua tampa e vomitou lá dentro mesmo. então fechou o piano
e começou sua leitura.

tiveram que remover as cordas do piano para lavar seu
interior e então recolocá-las.

posso entender porque nunca o convidaram de novo. mas espalhar
pelas outras universidades que ele era um poeta que gostava de
vomitar em pianos de cauda era injusto.

nunca consideraram a qualidade da sua leitura. conheço esse
    poeta:
ele é como qualquer um de nós: ele vomitará em qualquer lugar
    por dinheiro.

inverno

um grande desgrenhado cão
atropelado por um carro
se esgueirando pelo meio-fio
era um tremendo
som
seu corpo vermelho
e curvado explodia
pelo cu e pela boca.

olho para ele
e sigo
porque como pegaria
para mim embalar
um cão moribundo
no meio-fio de Arcadia,
sangue escorrendo pelas
minhas calças e camisa e
e cuecas e meias e
sapatos? ia ficar com
cara de tonto.

além disso, apostei no número 2
no primeiro páreo
e quis arranjá-lo
com o número 9
no segundo. eu
calculei as chances através do jornal matinal
e paguei 140 dólares por isso
eu tinha que deixar o cachorro
morrer sozinho ali
justo na esquina
do shopping
com as moças procurando
por barganhas
enquanto o primeiro floco de
neve caía sobre
Sierra Madre.

o que eles querem

Vallejo escrevendo sobre
solidão enquanto morria
de fome;
a orelha de Van Gogh rejeitada por uma
puta;
Rimbaud fugindo para a África
atrás de ouro e encontrando
um caso incurável de sífilis;
Beethoven ficando surdo;
Pound arrastado pelas ruas
numa jaula;
Chatterton tomando veneno de rato;
o cérebro de Hemingway gotejando
sangue no suco de laranja;
Pascal cortando seus pulsos
na banheira;
Artaud trancafiado com a loucura;
Dostoiévski encarando um muro;
Crane pulando direto na hélice de um barco;
Lorca morto a tiro por milicos

espanhóis;
Berryman saltando da ponte;
Burroughs atirando na esposa;
Mailer apunhalando a dele;
— isso era o que queriam:
um maldito show
um neon
no meio do inferno.
isso era o que queriam,
esse bando de
idiotas
inarticulados
fiéis
abnegados
admiradores do
carnaval.

iron mike

falamos sobre este filme:
Cagney a dava de comer
toranjas
mais rápido do que ela
conseguia e
assim ela
se apaixonou.

"isso não funciona
sempre", eu disse a Iron
Mike.

ele deu uma risadinha e disse:
"pois é".

então levou as mãos
até seu cinto.
o escalpo de 32 mulheres
estavam pendurados ali.

"eu e meu grande pau

judeu", ele falou.

então ergue as mãos
para indicar
o tamanho.

"eita, muito bem!",
eu disse.

"elas aparecem", disse
ele, "a gente fode, elas vão
ficando, então eu: é hora
de ir embora."
"você tem culhão,
Mike."

"teve essa que não ia
então levantei e
dei na cara dela... e ela
foi."

"não tenho suas bolas,
Mike. elas vão ficando por aqui,
lavam as louças, esfregam
as manchas de merda
no vaso, e jogam fora
os velhos prospectos do Jockey Club..."

"elas nunca vão me pegar",
ele disse,
"sou invencível."

olha, Mike, nenhum homem
é invencível.
algum dia
vão te pintar de louco
por olhos infantis coloridos por giz
de cera. você não será
capaz de beber um copo
d'água ou andar até o
quarto. haverá
paredes e ruído
da rua, e
você ouvirá metralhadoras
e morteiros. isso se dará
quando você quiser e
não poderá ter.

os dentes
nunca são ao fim
dentes de amor.

guru

grande barba negra
me diz
que eu não sinto
horror

olho para ele
minha tripas chacoalham
cascalho

vejo seus olhos
voltados para cima

ele é forte

as unhas sujas

e penduradas na parede
sabres embainhados.

ele sabe das coisas:

livros
probabilidades
o melhor caminho
para casa

gosto dele
mas acho que
mente

(não tenho certeza
se mente)

sua esposa se senta
no canto
escuro

quando a conheci
era
a mulher mais
linda que
eu tinha
visto

agora
são
gêmeos

talvez não seja culpa
dele:

talvez a coisa nos
faça todos

assim

e no entanto quando
deixei a casa
senti horror

a lua parecia
enferma

minhas mãos
escorregavam
no volante

manobro o carro
e desço a
ladeira
abaixo

quase bato
num carro
azul-esverdeado
estacionado
me enterre para sempre,
Beatrice

poeta hesitante, ha
haha

pinscher do
horror.

os professores

sentado com os professores
falamos sobre Allen Tate
e John Crow Ransom
os tapetes estão limpos
e as mesas da cafeteria brilham
e há uma conversa sobre
orçamentos e pesquisas
em andamento
e há uma
lareira.
o chão da cozinha
é bem encerado
e só jantei
depois de beber até
às 3 da manhã
depois da leitura
da noite anterior

e agora estou lendo de novo
numa faculdade próxima.

estou em Arkansas em
janeiro
alguém até mesmo menciona
Faulkner
vou ao banheiro
e vomito
o jantar
ao sair
lá estão todos
com seus casacos e sobretudos
esperando
na cozinha.
em 15 minutos, leio.
deve ficar
cheio
eles me dizem.

para al —

não se esquenta com as rejeições, parceiro,
também já fui rejeitado
antes.

às vezes você erra, pega
o poema errado
ainda mais frequente é o erro
de escrevê-lo.

mas gosto de apostar numa montaria por corrida
mesmo que o homem
que prepare a largada

a aponte 30 para um.

eu tenho pensando mais e mais em
morte
senilidade

muletas

poltronas

escrevendo poemas púrpuros
com caneta tinteiro

quando as jovens com bocas
de barracuda
corpos de limoeiro
corpos de nuvem
corpos de feixe de luz
vão parar de bater na minha porta.

não se esquente com as rejeições, parceiro.
fumo 25 cigarros por noite
e você já sabe da cerveja.

o telefone tocou só uma vez:
era engano.

como ser um grande escritor

comer um bando de mulheres
lindas mulheres
e escrever alguns poucos poemas de amor decentes.

e não se preocupe com envelhecer
e/ou com jovens talentosos recém chegados.

apenas beba mais
e mais e mais cerveja

e vá ao jockey ao menos uma vez
na semana

ganhe
se possível

aprender a vencer é difícil —
qualquer vagabundo pode ser um bom perdedor.

não esqueça de seu Brahms
e de seu Bach e de sua
cerveja.

maneire nos exercícios.

durma até meio-dia.

evite cartões de crédito
ou pagar qualquer coisa
em dia.

lembre-se de que não há bunda
no mundo valendo mais do que 50 pratas
(em 1977).
se você tiver a habilidade de amar
ame você primeiro
mas esteja sempre atento à possibilidade
de uma derrota total
queira a razão da derrota
seja certa ou errada —

conhecer a morte antes da hora não é
necessariamente ruim.

fique longe das igrejas, bares e museus,
e seja paciente
como as aranhas —
tempo é a cruz de todo mundo,
assim como
exílio

derrota
e traição

todo esse lixo.

fique com a bebida.

bebida é sangue contínuo.

uma amante contínua.

pegue uma grande máquina de escrever
e como o ritmo das passadas do
lado de fora

bata na coisa
bata forte

faça disso uma luta de pesos pesados

faça como um touro na primeira investida

e lembre-se dos velhos cães de guerra
que lutaram bem:
Hemingway, Celine, Dostoiévski, Hamsun.
se você acha que eles não enlouqueceram
em quartos apertados
como esse em que você está agora

sem mulheres
sem comida

sem esperança

você não está preparado.

beba mais cerveja
tem tempo.
e se não tiver
tudo bem
também.

o preço

bebendo um champagne de 15 dólares —
Cordon Rouge — com as putas.

uma se chama Georgia e ela
não gosta de meias-calças:
estou sempre a ajudando
a puxar suas meias três quartos.

a outra é a Pam-mais-bonita
porém desalmada, e
nós fumamos e conversamos
e brincamos com suas pernas e
enfio meu pé descalço na bolsa
aberta da Georgia.
está cheia de
frascos de remédios.
tomo alguma das pílulas.

"escuta", digo, "uma de

vocês tem alma, a outra o
visual. posso combinar as 2?
pegar a alma de uma
enfiar no corpo da outra?"

"me ter", diz Pam,
"custará cem pratas."

bebemos mais e mais e a Georgia
cai no chão e mal consegue
levantar.

digo à Pam que gosto
muito de seus brincos. Seu
cabelo é longo e naturalmente
ruivo.
"eu tava brincando sobre
as cem pratas", ela diz.

"olha", digo, "quanto vai me
custar?"

ela acende o cigarro com
meu isqueiro e me olha
através das chamas:

seus olhos me dizem.

"olha" digo, "não acho
que consiga pagar aquele preço de novo."

ela cruza as pernas
traga o cigarro

ela exala a fumaça e
sorri, dizendo: "claro que pode".

sozinho na multidão

com carne cobre-se o esqueleto
inserem a consciência
lá e
às vezes uma alma
e as mulheres quebram
vasos contra a parede
e os homens bebem
demais
e ninguém acha
o par ideal
mas continuam
procurando
rastejando pra fora e pra dentro
das camas.
a carne cobre
o esqueleto e
a carne busca
por algo mais
que carne.

não há chance
alguma:
estamos todos presos
a um destino
singular.

ninguém acha seu par
ideal.

os lixões são preenchidos
os ferros-velhos são preenchidos
os hospícios são preenchidos
os cemitérios são preenchidos
nada mais
é preenchido.

o 2º romance

chegaram
perguntando
"já terminou o
2º romance?"

"não."

"que que tá rolando? que que tá rolando
que não termina?"

"hemorroidas e
insônia."

"talvez você tenha
perdido?"

"perdido o quê?"

"você sabe."

agora quando chegam

digo a eles:
"terminei. vai sair
em setembro."

"você *terminou?*"

"sim."

"bem, escuta, tenho
que ir."
mesmo o gato
aqui do quintal
não vem mais
até minha porta.

é bom.

chopin bukowski

este é meu piano.

o telefone toca e alguém pergunta,
o que está fazendo? por que não
vem beber com a gente?

e eu digo,
tô tocando piano.

o quê?

meu piano.

desligo.

precisam de mim. eu
os completo. se não me veem
por um tanto entram em desespero,
adoecem.

mas se os vejo com frequência
adoeço. é difícil alimentar
sem ser alimentado.

meu piano me responde
de volta.

às vezes as coisas ficam
confusas e não é muito bom.
outras
sou tão bom e sortudo como
Chopin.

às vezes, estou sem prática
e fora do tom. está
tudo bem.
me sento e vomito nas
teclas
mas é meu
vômito.

é melhor que sentar numa sala
com 3 ou 4 pessoas
e seus respectivos pianos.

este é meu piano.
e é melhor que o deles.

e eles gostam e eles não
gostam.

lúgubre madame

ela senta lá
bebendo vinho
enquanto seu marido
está no trabalho.
ela dá muita
importância para
ser publicada
em pequenas
revistas.
ela tem duas ou
três pequenas
coletâneas de poemas
feitas no mimeógrafo.
ela tem dois ou
três filhos
entre os 6 e 15 anos.
ela não é mais
a linda mulher
que já foi. ela envia
fotos em que aparece

sentada sobre um pedra
junto do oceano
sozinha e condenada.
quase ficamos
um dia. me pergunto
se ela acha que eu
poderia
salvá-la

em todos seus poemas
seu marido jamais
é mencionado.
mas ela fala sobre
seu jardim
então sabemos que
está lá, de alguma forma,
e talvez ela
trepe com os botões de rosa
e frésias antes
de escrever
seus poemas

barata

a barata rastejava
contra o azulejo
enquanto eu mijava
e quando me virei
ela enfou o traseiro
numa fenda.
pego o inseticida e disparo o aerossol
e disparei e disparei
e finalmente a cascuda saiu
me lançou um olhar sujo.
então caiu
na banheira e a assisti
morrer
com um sutil prazer
porque eu paguei o aluguel
e ela, não.
peguei o bicho com um papel
higiênico azul-esverdeado
e dei descarga. era tudo
o que tinha para fazer, exceto

que nos arredores de Hollywood
e Western temos que
seguir fazendo.
eles dizem que algum dia aquela
tribo herdará
a terra
mas vamos continuar
fazendo com que esperem
mais alguns meses.

quem diabos é tom jones?

estava ajuntado com uma
nova-iorquina
de 24 anos
há duas semanas — durante
a greve dos garis por lá,
e certo dia minha velha
de 34 anos chegou
e disse: "quero ver
minha rival". ela viu
e disse: "ah,
você é tão bonitinha!"
para segundos
depois se engalfinharem como
gatos selvagens —
tanto grito tanto aranhão,
animais feridos gemem,
sangue e mijo...

eu estava bêbado em minha
samba-canção. tentei

separá-las e caí,
torci meu joelho. então
elas atravessaram a porta
e foram rua afora.

viaturas lotadas
chegaram. um helicóptero policial
sobrevoava o local.

fiquei no banheiro
e sorri para o espelho.
não é comum que aos
55 ocorram coisas tão
esplêndidas.
muito melhor do que os protestos em
Watts.

a de 34 anos
voltou. estava
toda mijada
e com as roupas em farrapos
estava acompanhada
por 2 policiais que queriam
saber o porquê daquilo.

eu puxava minha samba-canção
tentando me explicar.

derrota

escutava Bruckner no rádio
me perguntando por que eu não estava meio doido
depois do meu último término com a minha
ex-namorada

me perguntando por que não estava vagando bêbado
pelas ruas
me perguntando por que não estava na escuridão
do quarto
escuridão atroz
ponderando
dilacerado por meios-pensamentos.

suponho
que ao menos
como homem médio:
conheci muitas mulheres
e no lugar de pensar,
me pergunto quem come ela agora?
penso

ela está dando para outro filho da puta miserável
muita aporrinhação.

escutar Bruckner no rádio
parece tão pacífico.

muitas mulheres já passaram por aqui.
finalmente estou só
sem estar só.

pego um pincel Grumbacher
e limpo minhas unhas afiadas.

noto uma tomada na parede

olhe, venci.

sinais de trânsito

os velhos camaradas jogam
no parque olhando o mar ao longe
colocam os marcadores na pista de cimento
com gravetos de madeira.
quatro jogam, dois de cada lado
e 18 ou 20 outros sentam
sob o sol e ficam vendo
noto isso enquanto
me dirijo ao banheiro público
e meu carro está no reparo.

um velho canhão repousa no parque
enferrujado e inútil.
seis ou sete veleiros cingram
o mar abaixo.

termino meus trabalhos
saio
e ainda estão lá jogando.

uma das mulheres usa maquiagem carregada
com cílios falsos e fuma
um cigarro.
os homens são muito magros
pálidos
usam relógios que ferem
seus pulsos.

a outra mulher é muito gorda
e solta risinhos
cada vez que um ponto é marcado

alguns são da minha idade.

me dão nojo
o modo como esperam a morte
com tanta paixão
quanto um sinal de trânsito.

estas são as pessoas que acreditam em publicidade
estas são as pessoas que compram suas dentaduras no crédito
estas são pessoas que celebram os feriados
estas são pessoas que possuem netos
estas são as pessoas que votam
estas são as pessoas a quem se prestam funerais

estes são os mortos
a névoa
o fedor no ar
os leprosos.

quase todo mundo
no fim.

gaivotas são melhores
algas são melhores
areia suja é melhor

se eu pudesse virar aquele velho canhão
na direção deles
e fazê-lo funcionar
eu faria.

me dão nojo.

462-0614

recebo muitas ligações agora.
são todas assim
"você é Charles Bukowski,
o escritor?"
"sim", digo a eles.
e eles me contam
que entenderem
a minha obra,
e a de alguns outros escritores
ou que querem ser escritores
e eles têm trabalhos estúpidos
e horríveis
não conseguem encarar o quarto
o apartamento
as paredes
a noite —
querem alguém para
conversar,
e não conseguem acreditar
que eu não posso ajudá-los

que não conheço as palavras.
não conseguem acreditar
que agora mesmo
me contorço no meu quarto
agarrado às minhas tripas
e digo
"Jesus Jesus Jesus, de novo,
não!"
não conseguem acreditar
que as pessoas mal-amadas
as ruas
a solidão
as paredes
são minhas também.
e quando desligo o telefone
pensam que escondi o
jogo.

não destrincho
sabedoria.
quando o telefone toca
também gostaria de ouvir palavras
que pudessem aliviar
alguma dessas coisas.

é por isso que meu nome está
na lista.

fotografias

te fotografam na sua varanda
no seu sofá
em pé no quintal
apoiado no seu carro

essas fotógrafas são
mulheres cujas bundas enormes
parecem melhores
do que seus olhos ou suas almas

— este jogo com o autor
não passa de um número
barato à la Hemingway
e James Joyce.

mas olhe —
os livros, olhe,
você os escreveu
você não esteve em Paris
mas escreveu todos esse livros

atrás de você
(e outros, perdidos
ou roubados)

tudo que você tem que fazer
é se parecer com Bukowski
para as câmeras
mas

continue olhando
aquelas
estonteantes bundas enormes
e pensando —
alguém tá
comendo
"olhe em meus olhos",
elas dizem e disparam suas câmeras
o flash de suas câmaras

e acariciam suas câmeras
Hemingway lutava boxe ou
pescava ou ia a touradas
mas você quando elas te deixarem
irá gozar nos lençóis
e tomar um banho quente

elas nunca te enviam as fotos
como a promessa de enviar as fotos
suas bundas estonteantes se foram
para sempre
e você se comportou com um bom literato —

agora vivo
morto em breve
olhando fundo em seus olhos e suas almas
e mais.

social

o traçado azul da onda
rasgos amarelos de estrada

um volante
uma louca sentada
ao seu lado

reclamando enquanto o oceano
faz espuma

e pessoas em amarelo
e campistas
brancos
bloqueiam seu caminho
um tempo
caótico
enquanto você escuta
culpa disso e
culpa daquilo

você admite
isso e aquilo
mas não é
suficiente

ela quer uma conquista
esplêndida
e você está exausto
de conquistas esplêndidas

chegando lá
ela desce do carro
e caminha direto
para a casa
você mija no
para-lamas do carro
bêbado de tanta cerveja

pequenas poças de você
pingando na
terra
na terra
seca

fecha o zíper
e marcha até
os amigos
dela.

um poema para couraça

tenho um ditado: "os firmes sempre
voltam".

mas Vera era a mais gentil de todas,
então me surpreendi quando
chegou naquela noite
dizendo: "me deixe entrar".

"não, não, estou trabalhando num soneto."

"só vou ficar um minuto, depois
vou embora."

"Vera, se eu te deixar entrar você vai
passar 3 a 4 dias aqui."

era noite e não acendi as luzes
da varanda por isso não a vi
chegar
mas

ela lançou uma direita
que explodiu no centro do
meu peito.

"baby, esse foi um belo murro.
agora xô."

e fechei a porta

ela estava de volta em 5 minutos:
"Hank, não consigo achar meu carro,
juro não consigo achar. me ajude
a achar meu carro!"

Vi meu amigo Bobby-the-Riff
andando por perto. "ei, Bobby, ajuda
essa aí a achar o carro dela. a gente
se fala depois."

foram juntos.
mais tarde Bobby disse terem
achado o carro estacionado
no jardim de alguém, luz e motor
ligados.

desde então
não soube mais da Vera
exceto se ela for
a que insiste em ligar entre
às 2 e 3 e 4 da
manhã
e não responde quando

digo: "alô".

mas Bobby disse ser
capaz de lidar com ela
então decidi entregá-la
a Bobby.

ela mora em uma rua lateral em algum lugar
de Glendale
o ajudo a abrir
o mapa enquanto bebemos
cerveja.

o pior e o melhor

nos hospitais e nos presídios
é o pior
nos hospícios
é o pior
nas coberturas
é o pior
nos abrigos da periferia
é o pior
nos saraus
e nos show de rock
nos eventos de caridade para pessoas deficientes
é o pior
nos funerais
nos casamento
é o pior
nas marchas
nas pistas de skate
nas orgias
é o pior
à meia-noite

3 da manhã
às 17h45
é o pior

rasgando céu
pelotões de fuzilamento
é o melhor

pensando na Índia
olhando o carrinhos de pipoca
observando o touro pegando o matador
é o melhor

lâmpadas encaixotadas
cães sarnentos
amendoins no saquinho
é o melhor

jogar inseticida nas baratas
um par limpo de meias
culhões naturais vencendo talento natural
é o melhor

em frente ao pelotão de fuzilamento
jogar farelo às gaivotas
fatiar tomates
é o melhor

tapetes com marcas de cigarro
rachaduras nas calçadas
garçonetes ainda sãs
é o melhor

minhas mãos mortas
meu coração morto
silêncio
adágio de pedras
o mundo em chamas
para mim
é o melhor.

cupons

cigarros umedecidos pela cerveja
da noite anterior
você acende um
engasga
abre a porta em busca de ar
e na sua soleira
um pardal morto
cabeça e peito
arrancados.

pendurado na maçaneta
um folheto da All American
Burguer
com vários cupons
cada qual
dizendo
que com a compra
de um hambúrguer
entre os dias 12 e 15 de fevereiro
você ganha de graça

um pacote tamanho médio de batata
frita e um
copo pequeno de coca cola.

pego o anúncio
embalo o pardal nele
e carrego até o lixo
onde jogo
dentro.

veja:
abdicando de batata frita e coca
para manter
minha cidade
limpa.

sorte

o que há de ruim em tudo
isso
é presenciar as pessoas
tomando seu café e
esperando. queria
besuntá-los
em sorte. precisam
disso. mais do
que eu preciso.

me sento nos cafés
e presencio a
espera. acho que
não há muito mais
o que fazer. as
moscas sobem
e descem perto
das janelas e nós
bebemos nosso
café e fingimos

não olhar um ao
outro. eu
espero com eles.
entre o movimento
das moscas e das
pessoas vagando.

cachorro

um único cachorro
anda sozinho numa calçada escaldante
em pleno verão
parece ter o poder
de dez mil deuses.

por que é assim?

guerra de trincheira

gripado
bêbado,
o rádio num volume alto o
bastante para superar
o som que toca
no estéreo dos vizinhos que recém
se mudaram pro
outro lado da rua.
dormindo ou acordados
botam para tocar
seu set sempre no
máximo deixando
portas e janelas
abertas.

cada um tem
18, casados, usam
sapatos vermelhos,
loiros,
magros.

tocam
de tudo: jazz,
clássico, rock,
country, pop
desde que seja
barulhento.

este é o problema
em ser pobre:
precisamos conviver com
o som do outro.
semana passada
foi a minha vez:
havia duas mulheres
aqui
lutando entre si
então saíram
gritando.
a polícia veio.

agora é a vez
deles.
agora estou indo
de cima para baixo
com minhas roupas
sujas, dois tampões de ouvido
enfiados fundos no
meu tímpano.

até mesmo considero
assassinato.

malditos coelhos
desaforados!
pedacinhos ambulantes
de ranho!

mas em nossa terra
e à nossa maneira
nunca houve
uma chance;
somente quando
as coisas não estão
indo tão mal
por um tempo
que esquecemos.

algum dia cada um
deles estará morto
algum dia cada um
deles terá um
caixão próprio
e estará de novo
silencioso.
mas agora
é Bob Dylan
Bob Dylan Bob
Dylan o dia
todo.

a noite em que fodi meu despertador

certa vez
passava fome na Filadélfia
dormia num quartinho
o sol se punha e o dia ia se tornando noite
e eu em pé junto a minha janela no 3º andar
no escuro observando uma
cozinha no outro lado da rua o que seria um 2º andar
e vi uma loira linda
abraçar um jovem e beijá-lo
com o que parecia ser fome
e lá fiquei observando até que se
separassem.
então voltei e acendi a luz do quartinho.
vi minha cômoda e minhas gavetas
e meu despertador sobre a cômoda.
peguei meu despertador
e o levei para cama comigo
e o fodi até os ponteiros caírem.
então saí e caminhei pelas ruas
até as bolhas do meu pé estourarem.

quando voltei, fui até a janela
e olhei pra baixo pro outro lado da rua
e a luz da cozinha estava
apagada.

quando penso na minha morte

penso nos automóveis fritando no
estacionamento

quando penso na minha morte
penso em frigideiras

quando penso na minha morte
penso em alguém fazendo amor com você
quando não estou por perto

quando penso na minha morte
tenho dificuldade de respirar

quando penso na minha morte
penso em todos que esperam por ela

quando penso na minha morte
penso que não mais beberei água

quando penso na minha morte
o ar fica puro

as baratas na minha cozinha
tremem

e alguém terá que jogar fora
minhas cuecas limpas e as
sujas.

noite de natal, sozinho

noite de Natal, sozinho,
em um quarto de motel
junto à costa
do Pacífico —
escuta isso?

tentaram dar um ar espanhol a
este lugar, há
tapetes e luminárias, e
o banheiro é limpo, há
sabonetinhos
rosa.

não irão encontrar a gente
aqui:
as piranhas ou as madames ou
os idólatras.

de volta à cidade
estão bêbados e em pânico

furando sinais vermelhos
arrebentando suas cabeças
em homenagem ao nascimento
de Cristo. muito legal.

em breve termino essa 5ª
dose de rum porto riquenho.
de manhã vou vomitar e
tomar banho, dirigir
de volta, comer um sanduíche à 1 da manhã,
voltar ao meu quarto
às 2,
me esticar na cama,
esperar uma ligação,
não atender,
meu feriado é uma
evasão, minha razão
não é.

era uma vez uma mulher que colocou a cabeça dela dentro do forno

o terror finalmente se torna quase
suportável
mas nunca totalmente

o terror salta como um gato
rasteja como um gato
por minha mente

posso ouvir a risada das massas

são fortes
vão sobreviver

como a barata

nunca tire seu olhos da barata

nunca a verá de novo.

as massas estão por todos os lugares
sabem como fazer as coisas:
têm raiva sadia e mortal
por coisas sadias
e mortais.

gostaria que estivesse dirigindo um Buick 52 azul
ou um Buick 42 azul marinho
ou um Buick 32 azul
sobre um penhasco infernal em direção
ao mar.

camas, banheiros, você e eu —

pensando em camas
feitas e desfeitas
para foder
e morrer.

nesta terra
alguns de nós fodem mais do
que nós morremos
mas a maioria de nós morre
melhor do
que fode,
e morremos
de pedacinho em pedacinho também —
em parques
tomando sorvete, ou
em iglus
de demência
sobre as cangas
ou sobre amores

desembarcados
ou
ou.

: camas camas camas
: banheiros banheiros banheiros

o sistema de esgoto humano
é a maior invenção
do mundo.

e você me inventou
e eu inventei você
e por isso a gente não
se dá bem
na cama
não mais.
você era a maior invenção
do mundo
até você
me dar
descarga.

agora é sua vez
de esperar alguém afundar
o dedo na descarga.
alguém vai fazer isso
com você,
vaca,
e se não

você vai —
misture
verde amarelo ou branco
ou azul
ou lavanda
ao seu adeus.

isso então —

é o mesmo de antes
ou da outra vez
ou de antes disso.
aqui um pau
aqui uma xereca
aqui confusão.

toda vez é isso
você pensa
bem agora aprendi:
vou deixá-la fazer isso
e eu farei isso,
não quero mais tudo isso,
quero só um pouco de conforto
um pouco de sexo
e uma dose mínima
de amor.

agora estou esperando mais uma vez
e os anos secam.

tenho meu rádio
e as paredes de minha cozinha,
amarelas.
continuo acabando com garrafas
e atento aos
passos.

espero que a morte seja
menos do que isso.

imaginação e realidade

há muitas mulheres solteiras no mundo
com uma ou duas ou três crianças
e pergunta-se aonde foram os maridos
ou aonde foram os
amantes
deixados para trás
todas essas mãos e olhos e pés
e vozes.
ao passar por suas casas
gosto de abrir as cristaleiras e
bisbilhotá-las
ou embaixo da pia
ou nos armários —
espero achar o marido
ou amante e ele me dirá:
"ei, cara, você não notou
as estrias, ela tem estrias
tetas caídas e come
cebolas e peida... mas
sou um homem habilidoso. posso consertar coisas,

sei usar um torno mecânico e
troco sozinho o óleo do carro. jogo
sinuca, boliche e termino em 5º ou
6º qualquer
maratona. tenho um jogo de tacos de golfe,
joguei nos 80. sei
onde fica o clitóris e o que fazer com
ele. tenho um chapéu de cowboy com o brim
das abas levantadas para cima.
também sou bom com o laço e com os punhos
e conheço os últimos passos de dança".
e direi: "olhe, já estou saída".
e *vou* embora antes de ele me desafiar
a uma queda de braço
ou me conte uma piada suja
ou me mostre a tatuagem da dançarina
em seu bíceps direito.

mas realmente
tudo que acho na cristaleira
são xícaras de café pratos marrons rachados
debaixo da pia uma pilha de trapos
endurecidos, e no armário — mais cabides
do que roupas, é só quando ela me
mostra o álbum de retratos e os retratos dele —
tão bonito quanto uma calçadeira, ou
um carrinho de supermercado cujas rodinhas não estão
    emperradas —
que a falta de confiança se desfaz, e
a página vira e lá há uma criança num
balanço usando roupas vermelhas e há

outra correndo
atrás de uma gaivota em Santa Mônica.
e a vida se torna triste e sem perigo
e por isso boa o suficiente:
para ter ela trazendo seu café numa
daquelas xícaras sem que *ele*
salte delas.

roubado

continuo pensando que ainda está lá fora
agora mesmo
me esperando
azul
pára-choque dianteiro torto
a cruz de Malta pendurada
no retrovisor.
tapete emborrachado
torto entre os pedais.
80Km/L
bom e velho TRV 491
o amor fiel de um homem,
a maneira como nela engatava a segunda
enquanto virava a esquina
a maneira como ela furava o sinal
sem ninguém por perto.
a maneira como conquistávamos grandes e
pequenos espaços
sob chuva
sol

névoa
hostilidade
o impacto das coisas.

voltava de uma das noites de luta
do Olympic numa terça à noite
e meu Volks 1967 tinha ido
embora com outro amor
para outro lugar.

as lutas tinham sido boas.
chamei um táxi na estação Standard
e me sentei comendo um doughnut com
geleia e café numa cafeteria e
esperei,
eu sabia que se achasse o homem
que a roubei
eu o mataria.

o táxi veio. acenei pro
motorista, paguei pelo café
e doughnut, saí noite adentro,
entrei no táxi e disse a ele: "Hollywood
e Western", e aquela noite particular
estava prestes a acabar.

os mansos herdaram

se sofro assim nesta
máquina de escrever
imagine como me senti
entre os boias-frias
de Salinas?

penso nos homens
que conheci
nas fábricas
sem nenhuma
saída —
sufocados enquanto vivem
sufocados enquanto riem
de Bob Hope ou Lucille
Ball enquanto
2 ou 3 crianças batem
bolinhas de tênis contra
a parede.

alguns suicídios jamais são
registrados.

os loucos sempre me amaram

e os subnormais.
ao longo de todos os anos de ensino de gramática
no ensino fundamental
no ensino médio
na faculdade
os rejeitados se uniam
a mim.
caras de um braço só
caras com tiques
caras com problemas de fala
caras com uma película branca
sobre um dos olhos,
covardes
misantropos
assassinos
manja-rolas
e ladrões.
todos esses anos no
chão da fábrica e na
sarjeta

sempre atraí
os rejeitados. é certo
me encontrarem e
se agarrarem a mim. ainda é
assim.
neste bairro agora
há um que me
encontrou.
ele empurra por aí
um carrinho de supermercado
repleto de lixo:
latas partidas, cadarços,
saquinhos de torcida vazios,
caixas de leite, jornais, canetas falhando...
"e aí, mano, como tá indo?"
parei e conversamos um
pouco.
então me despedi
mas ele ainda me
seguiu
para além
dos botecos e dos
puteiros...
"me dê *notícias*,
irmão, me dê *notícias*,
quero saber o que tá
rolando."
ele é o meu novo doidinho.
nunca o vi
falando com pessoa
alguma.

o carrinho chacoalha
um pouco atrás
de mim
então algo
tomba dele.
ele para e
o recolhe.
enquanto isso
atravesso a
porta do
hotel verde da
esquina
atravesso
o hall
e saio pelos
fundos
e lá há um gato
cagando em
absoluto deleite,
ele mia para
mim.

big max

durante o ensino médio
Big Max era problema.
ficávamos sentados por horas
comendo nossos sanduíches de pasta de amendoim
e batata chips.
ele tinha pelos rebeldes saindo pelo nariz
e desenhando a sobrancelha, e os lábios
encerados pela saliva.
ele já calçava quarenta e
três e as suas camisetas já alargadas pelo seu
peitoral massivo. e seus punhos pareciam
duas toras. e ele andava
pelas sombras atrás do ginásio
onde sentávamos, eu e meu amigo Eli.
"ei vocês", ele ficava parado lá, "vocês
sentados aí com seus ombros caídos!
andam por aí com seus ombros
caídos! como vão conseguir alguma
coisa disso?"

não respondíamos.

então Max olhava para mim.
"se levanta!"

eu me levantava e ele me checava
passando por trás e dizia: "erga seus
ombros assim!"

e ele puxava meus ombros para trás.
"viu! não se sente *melhor*?"

"sim, Max."

assim ele partia e eu voltava a minha
postura habitual.
Big Max estava pronto para o
mundo.e por isso não suportamos
olhá-lo.

sem saída

no inverno caminhando pelo meu teto com meus
olhos do tamanho das luzes de um farol.
como um rato tenho 4 patas mas
lavo minhas cuecas — barbado e
de ressaca e pau duro e sem advogado. com
a cara de um esfregão. canto
canções de amor e carrego aço.

prefiro morrer a chorar. não suporto
a matilha e não posso viver sem ela.
apoio minha cabeça contra a geladeira
branca e quero gritar como se fosse meu último
lamento de vida por todo sempre mas
sou maior que as montanhas.

o importante não é a partida vencida mas como você joga

chame de amor
e coloque de pé sob a luz
imperfeita
num vestido
reze cante implore chore gargalhe
desligue as luzes
ligue o rádio
incremente
com manteiga, ovos e o jornal
de ontem;
um cadarço, então,
a páprica, o açúcar, o sal, a pimenta
ligue para sua tia alcoólatra em
Calexico;
chame de amor, você
monte bem seu espetinho
adicione repolho e vinagre de maçã,
então esquente o lado esquerdo
agora, o direito
coloque numa caixa

e livre-se dela
deixe na soleira
vomitada enquanto
vai até as
hortênsias.

sobre o continente

sou frouxo.
sonho também.
me deixo sonhar. sonho
em ser famoso. sonho
em andar pelas ruas de Londres
e Paris. sonho
em sentar em cafés
bebendo sofisticados vinhos
e tomando o táxi até um bom
hotel.
sonho
em me encontrar com finas damas no hall
e
rejeitá-las porque
tenho um soneto em mente
que preciso escrever
antes do sol nascer. no nascer
do sol estarei dormindo e haverá
um gato estranho aninhado
no parapeito da janela.

acho que todos nos sentimos assim
de vez em quando.
gostaria de visitar
Andernach, na Alemanha, o lugar onde
comecei. então, quero voar
até Moscou para conhecer
seu transporte de massas
assim teria algo de obsceno
para sussurrar nos ouvidos do prefeito de
Los Angeles no meu retorno àquele
lugar maldito.

se acontecer
estou pronto
já observei lesmas escalarem
paredes de três metros de altura e
desaparecerem.

você não deve confundir isso com
ambição.
sou capaz de rir com uma boa
rodada de cartas —

e não vou me esquecer de você.
te envio postais
e instantâneos e
meu soneto terminado.

táxi amarelo

a dançarina mexicana remexe suas plumas
e seu rabo para mim, não
pedi e
minha mulher fica puta deixa o café às pressas e
começa a chover e você pode escutar as gotas
atingirem as telhas e estava desempregado e me restavam 13 dias
de aluguel.
às vezes, quando uma mulher corre de você assim
você se pergunta se não é uma questão
de economia, você não pode culpá-las —
se eu serei fodido que seja fodido por
alguém com dinheiro.
estamos todos assustados mas quando você é feio
e não tem muito a oferecer você
fica forte, e chama o garçom e diz
acho que vou virar essa mesa, estou
entediado, sou doido, preciso
de alguma ação, chame seu leão de chácara, vou mijar na sua
juba.

fui posto
na rua com presteza. chovia
me recompus sob a chuva e
desci as ruas vazias de gente
mas repletas de anúncios de venda
coisas estúpidas em promoção
algodão doce, todas as lojas diminutas trancadas
com cadeados Woolworth de 67 centavos.

cheguei ao final da rua em tempo
de vê-la subindo no táxi amarelo
com outro cara.

desabo junto a uma lata de lixo, me levanto
e mijo nela, me sinto triste e nem tanto,
sabendo que há apenas um tanto que podem fazer com
você, mijo pingando pelas rugas
do latão, filósofos devem ter algo
a dizer sobre isso. mulheres. a sorte delas
contra o seu destino. vencedor leva Barcelona. próximo
bar.

como você não está fora da lista?

o homem no telefone me faz aquela pergunta.

você é realmente Charles Bukowski
o escritor? perguntam.

sou escritor de vez em quando, digo,
na maior parte do tempo eu faço é nada.

escuta, querem saber, gosto do que você
escreve — você se importa se eu for
aí e levar meia dúzia de
latinhas?

você pode trazer as latinhas, digo:
se *você* não vier

quando é uma mulher no telefone, digo:
ah sim, escrevo, sou um escritor
só não estou escrevendo agora.

me sinto estúpida te ligando,

dizem elas, e fiquei surpresa
em achar seu nome na lista telefônica.

tenho minhas razões, devolvo,
por sinal, por que você não passa aqui
para tomar uma cerveja?

você não se importaria?

e elas chegam
mulheres lindas
boas de cabeça e de corpo e de olho.
normalmente não há sexo
mas estou me acostumado a isso
e ainda é bom
muito bom só olhar para elas —
e algumas raras vezes
eu tenho uma sorte inesperada
mas de um jeito diferente.

para um homem de 55 que não transou
até completar 23
e não muito até completar 50
acho que devo permanecer listado
na Pacific Telephone
até eu ter transado
o que transou um homem médio.

claro, terei que continuar
a escrever poemas imortais
mas a inspiração está lá.

boletim do tempo

suponho que esteja chovendo em alguma cidade espanhola
agora mesmo
enquanto me sinto mal
assim;
agora
gostaria de pensar assim.
vamos a um vilarejo mexicano —
isso soa bem:
vilarejo mexicano
enquanto me sinto mal
assim
as paredes amarelam com os anos —
esta chuva
lá fora,
um porco se movendo no chiqueiro à noite
incomodado pela chuva,
olhinhos de bituca,
e rabinho danado:
vê?
não consigo imaginar o povo.

é difícil para mim imaginar o povo.
talvez o povo esteja se sentindo mal assim,
quase tão mal assim.
me pergunto o que faz o povo quando se sente
mal assim
provável que nem mencione.
o povo diz
"veja, está chovendo".
é o melhor jeito.

idoso nos trinques

em uma semana
completo
55.

sobre o que
escreverei
quando não mais
conseguir levantar
pela manhã?

meus críticos
irão adorar
quando meu quintal
se restringir
a tartarugas e
estrelas-do-mar.

até dirão
coisas boas
sobre mim

como se eu
finalmente
tivesse adquirido
bom senso.

alguma coisa

estou sem fósforos
as molas do sofá
estouraram.
roubaram meu criado-mudo.
meus quadros à óleo
de dois olhos rosas.
meu carro está pifado.
enguias sobem as paredes do banheiro.
meu coração, partido.
mas o mercado de ações, hoje,
está em alta.

janela de vidro temperado

cães e anjos não são
muito diferentes.
frequentemente vou a esse lugar
comer
por volta das 14h30
porque as pessoas que comem
lá sempre estão particularmente confusas
simplesmente agradecidas de estarem vivas
e comendo seus feijões
próximos de uma janela de vidro temperado
que guarda o calor
e não deixa os carros e
pedestres entrarem.

somos servidos de quanto café
nossos estômagos aguentam
e sentamos e quietos bebemos
o café forte pretíssimo.

é bom estar sentado em algum lugar
no mundo às 14h30
sem ter a pele arrancada de
seus ossos. mesmo
confusos, sabemos disso.

ninguém nos incomoda
nós incomodamos ninguém.

anjos e cães não são
muito diferentes
às 14h30 da tarde.

tenho minha mesa favorita
e depois de terminar
empilho os pratos, os pires,
os copos, os talheres
com cuidado —
minha oferenda à sorte —
e aquele sol
trabalha bem
todo alto e
pra baixo
dentro da
escuridão
daqui.

viciadas

"ela aplicou no pescoço", ela
me disse. disse a ela para injetar na minha
bunda e ela tentou e disse: "ah ah"
e eu disse: "que merda tá rolando?"
e ela: "nada, esse é o estilo nova-iorquino"
e meteu a agulha de novo e falou:
"merda". peguei e injetei
no meu braço, consegui uma parte.
"não sei porque as pessoas
fodem com as coisas, não há
muito disso. acho são todos perdedores
e querem perder de verdade. não
há saída, é como se não conseguissem
ir onde estavam indo ou
queriam ir e não há outro jeito.
tem que ser assim.
ela injeta no pescoço."

"eu sei", eu assenti. "liguei para ela,
ela mal podia falar, disse estar com
laringite. toma um pouco desse vinho."

era vinho branco e 4h30 da manhã, e
a filha dela estava dormindo no quarto.
a tv a cabo estava ligada mas no mudo e
da tela grande um jovem John Wayne nos
observava, e nós nem beijamos nem fizemos
amor e eu saí às 6h15.
depois da cerveja e do vinho acabarem
assim a filha dela não acordaria para
a escola e me encontraria sentado na
cama com a mãe dela
e John Wayne e a noite se foi
sem oportunidades para ninguém —

99 para 1[*]

o tubarão resplandecente
quer minhas bolas
enquanto caminho até a seção de frios
procurando por salame e queijo

donas de casa de lilases
cutucando abacates de 75 centavos
agora meu carrinho de supermercado
é um pau superdotado

sou um homem com um relógio de corda
parado na cabine telefônica da pegação
chupando tetas de morango
de ponta-cabeça em meio a uma multidão na Filadélfia.

de repente tudo sobre mim eram gritos de
ESTUPRO ESTUPRO ESTUPRO ESTUPRO ESTUPRO

---

[*] A edição escolheu manter este poema, cujo conteúdo relativiza estupro, para
fins de fidelidade à obra original. [N.E.]

e estou metendo em algo que está embaixo de mim
cabelo ruivo opaco, hálito ruim e dentes azuis

costumava gostar de Monet
costumava gostar muito de Monet
era engraçado, pensava, o jeito dele com
as cores

mulheres são caras
coleiras são caras
vou começar a vender ar dentro de sacolas laranja escuras
grafadas: lume-lunar

costumava gostar de garrafas sanguíneas
garotas em casacos de pele de camelo
Príncipe Valente nos tempos do Rei Arthur
o toque mágico do Popeye
a luta está na luta
como um saca-rolhas
um bom homem não deixa a rolha cair no vinho

esse pensamento que ocorreu a milheres de homens
enquanto se barbeavam
a remoção da vida talvez seja preferível
à remoção de pelos

cuspa no algodão e limpe seu retrovisor
corra como se não houvesse amanhã, maratonista de bar,
as putas vencerão, os tolos vencerão,
mas corra como um cavalo ao sinal da largada.

estouro

demais
de menos

muito gordo
muito magro
ou corpo algum.

riso ou
lágrimas

detratores
admiradores

rostos desconhecidos
parecidos com a
cabeça de uma tachinha
exércitos atravessando
ruas ensanguentadas
acenando champanhes
enfiando baionetas e paus
em virgens.

ou um idoso em um quarto barato
com a fotografia de M. Monroe.

há uma solidão neste mundo tão grande
que você pode vê-la em câmera lenta
nos braços de um relógio.

pessoas exaustas
mutiladas
por amor ou sem amor.

pessoas apenas não são boas umas com as outras
cara a cara.
os ricos não são bons para os ricos
os pobres não são bons para os pobres.

estamos assustados.

nosso sistema educacional nos diz
que tudo que podemos ser
é um bando de vencedores cuzões.

não nos disse
sobre as sarjetas
ou os suicídios.

ou sobre o terror de uma pessoa
agonizando
sozinha

sem toques
ou conversas

regando uma planta.

pessoas não são boas umas com as outras.
pessoas não são boas umas com as outras.
pessoas não são boas umas com as outras.

suponho que nunca sejam
não peço que sejam.

mas às vezes penso sobre
isso

os búzios irão rodar
as nuvens nublarão
e o assassino degolará a criança
como se tirasse uma casquinha da casquinha.

demais
de menos
muito gordo
muito magro
corpo algum

mais detratores do que admiradores.

pessoas não são boas umas com as outras.
talvez se fossem
nossas mortes não seriam tão tristes.

enquanto isso observo as jovens
talos

de flores ao acaso.

tem que haver uma saída.

certo que há uma saída que ainda não
pensamos.

quem colocou esse cérebro dentro de mim?

ele chora
demanda
diz que há uma chance.

não dirá
"não".

um cavalo de olhos azul-esverdeados

o que você vê é o que você vê:
hospícios raramente
estão à vista.

que continuemos andando por aí e
coçando nossas costas e acendendo
cigarros

é mais milagroso
do que beldades banhadas

do que rosas e mariposas.
sentar numa saleta
e beber uma lata de cerveja
e enrolar um charuto
enquanto escuta Brahms
num radinho escarlate

é retornar
de guerras mil
vivo

escutar o som
da geladeira

enquanto as beldades banhadas apodrecem

e as laranjas e maçãs
rolam para longe.

III

Scarlet

scarlet

fico feliz quando chegam
fico feliz quando partem

fico feliz quando escuto seus saltos
se anunciando no corredor
e fico feliz quando estes saltos
se vão para longe

fico feliz de foder
fico feliz de cuidar
e quando tudo acaba

e
como tudo está
sempre começando ou acabando
fico feliz
a maior parte do tempo

e os gatos saltam de cima para baixo
e a terra gira ao redor do sol
e o telefone toca:

"é a Scarlet."

"quem?"

"Scarlet."

"ok. chega aí."

e desligo pensando
talvez seja isso

corro
cago rápido
faço a barba
tomo banho

me visto

ponho as sacolas de lixo
e as caixas abarrotadas de garrafas vazias
pra fora

me sento para escutar o som
dos saltos se aproximando
parecem mais um exército se aproximando do que a
própria vitória

é a Scarlet
e em minha cozinha a torneira

continua pingando
precisa de um conserto.

cuido disso quando
voltar.

ruiva de cima a baixo

ruiva
real
se virou
e me perguntou
"minha bunda continua durinha?"

que comédia.

há sempre uma mulher
pra te salvar da anterior

e enquanto a mulher te salva
ela se prepara pra
te destruir.

"às vezes, te odeio",
ela disse.

ela se senta
na varanda e lê meu exemplar

de Catulo, ficou lá
por uma hora.

pessoas indo e vindo
passavam na frente da minha casa
se perguntando onde é que um velho
havia arranjado
uma beldade daquelas.

também não sei.

quando ela chegou a agarrei
pela cintura e coloquei no meu colo
levantando um copo e dizendo
a ela: "beba isso".
"ah", ela disse, "você misturou
vinho com Jim Bean, já já
fica atrevido."

"você passa hena no cabelo, não
passa?"

"você não *enxerga* direito", ela falou
se levantou e baixou calças e
calcinhas, seus pelos lá embaixo
eram os mesmos que os lá
de cima.

o próprio Catulo não poderia ter desejado
para si mais histórica ou
encantadora graça;

então ficou
lelé

pelo carinho de seus garotos
não loucos o suficiente
para se tornarem
mulheres.

como uma flor na chuva

cortei até o meio da unha do dedo
do meio
da minha mão destra
realmente bem curta
e corri o dedo pela xana dela
enquanto ela se empertigava na cama
depois do banho
passando creme pelos braços
rosto
e seios.
acendeu o cigarro:
"não fique mal por isso",
deu um trago e continuou esfregando
o creme.
eu continuei esfregando a xana.
"quer uma maçã?", perguntei.
"claro", ela disse, "tem uma aí?"
mas dei outra coisa —
ela começou a se contorcer
e rolou sobre si mesma,

estava ficando molhada e aberta
uma verdadeira flor sob a chuva.
foi quando ela virou de bruços
e seu belo cuzinho
piscou para mim
passei por baixo e cheguei
de novo à xana.
ela veio por fora e pegou
meu pau, rolou e se contorceu,
montei nela
meu rosto enroscando na massa
ruiva do seu cabelo que transbordava
da sua cabeça
e duro adentrei
o milagre.
mais tarde fizemos piada do creme
e do cigarro e da maçã.
então fui embora e comprei um pouco de frango
camarão batata frita pão
purê de batata molho e
salada de repolho, comemos. ela me contou
sobre como se sentia bem e contei a ela
como me sentia bem e comemos
o frango o camarão a
batata frita e o pão e
o purê de batata e o molho e
a salada de repolho também.

castanho claro

um olhar castanho claro

aquele vazio imbecil e encantador
de um olhar castanho claro

darei um jeito
nele.

você não precisa me enrolar
mais
com seus truques
de Cleópatra
cinematográfica

você já se deu conta
se eu fosse uma calculadora
teria colapsado
tabulando
as infinitas vezes
que você usou este olhar castanho claro?

não que você não seja a melhor
com seu olhar castanho claro.

algum dia algum filho da puta
vai te matar

e você gritará alto meu nome
e finalmente vai entender
o que já deveria ter entendido
há muito
tempo.

brincos enormes

vou buscá-la.
ela está em alguma missão.
sempre tem alguma missão
muitos afazeres.
eu não tenho nada pra fazer.

ela deixou seu apartamento
a vejo se mover em direção ao meu carro

está descalça
vestida casualmente
exceto pelos brincos enormes.

acendo um cigarro
e quando olho
ela está estirada no meio da rua

uma rua bem movimentada

todos os 50 quilos
tão magníficos como qualquer coisa que você
possa imaginar.

ligo o rádio
e a espero se levantar.

ela levanta.

abro a porta do carro.
ela entra. me afasto
do meio fio, ela gosta da canção no rádio
aumenta o volume.

parece gostar de todas as canções
parece conhecer todas as canções
toda vez que a vejo ela parece melhor
e melhor

200 anos atrás eles teriam a queimado num
tronco

agora ela passa
o rímel enquanto
avançamos.

saiu do banheiro com seu cabelo vermelho em chamas e disse ——

os tiras querem que eu vá até lá e identifique
um cara que tentou me estuprar.
perdi a chave do carro de novo; tenho
a chave que abre a porta mas não a que
dá a partida.
essas pessoas estão tentando levar minha criança
pra longe de mim mas não vou deixar.
Rochelle quase deu pt, então, ela foi
ao Harry com algo, e ele a empurrou.
ela fraturou as costelas, cê sabe,
e uma delas perfurou seu pulmão. agora
está amarrada a uma máquina.

onde está minha escova?
a sua está sempre pegajosa.

disse a ela,
não vi sua
escova.

uma assassina

consistência é terrível:
mandíbula de tubarão
interior imundo com
um corpo perfeito,
longas e estonteantes madeixas —
o que confunde
não só a mim

ela pula de homem em homem
oferecendo suas carícias

fala de amor

então dobra cada um deles
à sua vontade

mandíbula de tubarão
interior imundo

quando notamos é tarde demais:
antes do pau ser devorado
o coração segue

suas longas madeixas estonteantes,
seu corpo quase perfeito
caminha pela rua
sob o mesmo sol
que nutre as flores.

um tiro no escuro

ela não é para você, cara,
não é do seu feitio,
ela é apagada
muito usada
entende tudo errado
hábitos,
ele me disse
entre um páreo e outro.

vou apostar no cavalo
4, disse a ele.
bem, é que queria
colocá-la à favor
da correnteza,
salvá-la, pode-se dizer.

você não pode salvá-la, disse,
você tem 55, precisa de gentileza.
vou apostar no cavalo 6.
você não é o cara que vai
salvá-la.

quem pode salvá-la? perguntei
não acho que 6 tenha
chance, vou no 4.

ela precisa de alguém
que a jogue contra a parede, ele disse
que lhe chute o rabo, vai adorar.
ficar em casa e
lavar a louça.
o cavalo 6 vai estar
no páreo.

não sou bom de bater em mulher
eu disse.
esqueça ela então, ele setenciou.

é difícil, eu falei.

ele levantou e foi apostar no 6
eu levantei e fui apostar no 4.
o cavalo 5 ganhou
botando 3 corpos à frente
pagando 15 para um.

ela tem os cabelos em fogo
como relâmpagos vindo do paraíso,
eu falei.

esqueça ela, ele disse.

rasgamos nossos bilhetes
e encaramos o lago
no centro da pista.

aquela seria
uma tarde longa
para nós dois.

a promessa

ela se cambou pro lado da cama
e abriu o portfólio
junto à parede.
estávamos bebendo.
ela disse: "você me prometeu
esses quadros uma vez, não
se lembra?"
"quê? não, não me lembro."
"bem, você prometeu", ela disse, "e você
deve manter suas promessas."
"deixe esses malditos quadros em paz",
eu falei.
então fui até a cozinha
para pegar uma cerveja. parei para vomitar
e quando saí
a vi pela janela
atravessando o pátio
indo em direção à sua casa nos fundos.
tentava correr
equilibrando na cabeça

40 quadros:
pintados à óleo
com acrílico
pretos e brancos
e aquarelas.
tropeçou uma vez
e quase caiu sobre a própria bunda.
então subiu os degraus com pressa
e desapareceu pela porta
até sua casa andares acima
correndo com todos aqueles quadros
sobre sua cabeça.
essa foi uma das coisas
mais engraçadas que vi.
bem, acho que devo pintar
uns outros 40.

acenos e mais acenos de adeus[*]

paguei todas as despesas do seu longo trajeto de Houston
a São Francisco
então voei para encontrá-la na casa do seu irmão
e fiquei bêbado
e falei noite inteira sobre a ruiva, e
finalmente ela disse: "você dorme lá",
então subi na beliche
e ela dormiu na
cama debaixo.

no dia seguinte me levaram até o aeroporto
e voei de volta, pensava: bem,
ainda me resta a ruiva e quando cheguei
liguei para a ruiva e disse: "voltei,
baby, peguei um avião para ver essa mulher e falei sobre
você a noite inteira, e aqui estou..."

---

[*] A edição escolheu manter este poema, cujo conteúdo relativiza pedofilia,
para fins de fidelidade à obra original. [N.E.]

"bem, por que não voa de volta e termina
o trabalho?", disse ela batendo o telefone.

fiquei bêbado e o telefone tocou
disseram que eram duas
senhoras da Alemanha querendo
me ver.

então vieram até mim, uma tinha 20
e a outra 22. disse a elas que meu coração
havia sido esmagado pela última vez e
estava desistindo de mulheres. rimos
bebemos e fumamos e foram juntas
pra cama.

tinha essa coisa na minha frente
primeiro peguei uma
e depois peguei a outra.
finalmente me acomodei na de 22
e a devorei.

ficaram por 2 dias e 2 noites
mas nunca peguei a de 20,
estava naqueles dias.
por fim as levei até Sherman Oaks
e ficaram lá aos pés de uma grande
garagem
acenos e acenos de adeus
e dei ré no Fusca.

quando voltei havia uma carta de uma

moça de Eureka. ela dizia que queria que eu
metesse e metesse até que ela não conseguisse
mais andar.

me estirei na cama e bati uma
pensando na garotinha que vi
uma semana atrás em sua bicicleta vermelha.

então tomei um banho e coloquei meu roupão
verde e felpudo a tempo de ver
as lutas do Olympic na tv.

um preto e um *chicano**
sempre fazem uma boa luta.

aqui vai uma boa ideia:
coloque os dois no ringue e deixe
que se matem.

assisti toda a luta
pensando na ruiva.

acho que o *chicano* venceu
mas não tenho certeza.

---

* A palavra "chicano" costumava ser utilizada por pessoas brancas para fazer
referência a cidadãos norte-americanos de origem mexicana, e possuía cono-
tação pejorativa antes de ser reivindicada pela própria comunidade mexicano-
-americana entre os anos de 1960 e 1980. [N.E.]

liberdade

ela estava sentada no peitoril
da janela do quarto 1010 do Chelsea Hotel
em Nova York,
o antigo quarto de Janis Joplin.
fazia 40 graus
estava frita e mantinha
uma perna para fora
do peitoril,
se inclinava para fora dizendo:
"Deus, isso é ótimo!"
foi quando escorregou
e quase se foi
se agarrando apenas
no último segundo.
salva foi se estirar
na cama.

perdi muitas mulheres
de diferentes maneira
mas assim

teria sido
a primeira vez.

então, ela rolou da cama
caindo de costas
e quando me aproximei
estava dormindo.

o dia inteiro ela quis
conhecer a Estátua da Liberdade.
agora não vai me importunar com isso
por um tempo.

não toque nas garotas

ela está lá em cima vendo meu médico
tentando arranjar algumas pílulas de emagrecimento;
não, ela não está gorda, precisa mesmo é de velocidade.
desço até o bar mais próximo e espero.
às terças, 15h30
se apresenta uma dançarina.

há apenas outro homem no bar.

ela dá seus passos
olhando-se no espelho.
ela é como uma macaca
de pelo escuro
coreana.

não é muito boa,
esquelética e previsível
me mostra língua e
pra outro homem

os tempos devem estar realmente difíceis, penso.

tomo mais algumas e então me levanto pra sair.
ela acena para mim.
"já vai?", pergunta.
"sim", digo, "minha esposa tem câncer."

aperto sua mão.

ela aponta para um cartaz atrás dela:
NÃO TOQUE NAS GAROTAS.

ela aponta para o cartaz e diz:
"o cartaz diz: 'NÃO TOQUE NAS GAROTAS'.
espero no estacionamento.
ela volta.
"você conseguiu as pílulas?", pergunto
"sim", ela diz.
"então, o dia tá ganho."

penso na dançarina andando pela minha
cozinha. não consigo visualizar.
desse jeito
morrerei sozinho.

"me leve para casa", ela pede,
"preciso me arrumar pro curso noturno."

"claro", e a levo embora.

óculos escuros

nunca usei óculos escuros
mas fui buscar com a ruiva uma
prescrição no Hollywood Boulevard.
e ela continuou regateando, me
arrematando, com os dentes arregaçados, rosnando para mim.
e a deixei no balcão com a prescrição
e fui dar volta, voltei com um tubo
enorme de Crest e uma garrafa gigante de Joy.
então, fui até a prateleira dos óculos de sol e comprei
o mais nervoso par de óculos
que pude encontrar.
pagamos por tudo
fomos até um restaurante mexicano
e ela pediu um taco que não conseguiu comer
e ficou lá.
regateando, com os dentes arregaçados, rosnando para mim
depois de comer pedi 3 cervejas
desci todas
e pus minha lupa espelhada
"Jesus amado!", ela disse, "Deus do céu!",

atirei pros dois lados
com a mais rápida das tiradas
rosnando fedorentas balas de marmelada
a merda fedeu
peidos do inferno,
então levantei
paguei a conta
saímos juntos
os dois com lentes de showbiz
e as calçadas se partiram.
achamos o carro e
partimos também no carro dela
eu sentado ali
pressionando as lupas novas contra meu nariz e dela
arrancando a espinha
e agitando-a para fora da janela
como um mastro partido da Confederação...
e minha lupa malfazeja e enigmática me dando a mão.
"Deus, que merda!", ela disse
e o sol ia alto no céu

e não sabia
mas foi uma barganha por 4 dólares
e 25 cents mesmo que tenha
deixado para trás
o Crest, o Joy
e lanchonete de taco.

orando sob o mau tempo

meu Deus, não sei o que
fazer.
são tão boas de ser ter por perto.
têm um jeito de brincar
com as bolas
encarar seriamente o pau
para examiná-lo
exortá-lo
cada parte
enquanto seus cabelos
caem sobre suas
barrigas.

não é o pau na boca ou o pau
na xota que sozinhos alcançam o interior
do homem e o amolecem, são os extras
todos os extras.

agora chove à noite
não há ninguém aqui

estão em outro lugar
examinando outras coisas
em novos quartos
novos humores
ou talvez em velhos
quartos.

de qualquer forma, chove hoje à noite,
uma maldita, vistosa e torrencial
chuva...

muito pouco para fazer.
já li o jornal
paguei o gás
a luz
o telefone.
e continua chovendo.

elas amolecem o homem
e o deixam marinar
no seu próprio suco.

preciso de uma puta das antigas
na minha porta esta noite
de sombrinha verde,
gotas de luar e chuva sobre
sua bolsa, dizendo "porra, cara,
você não tem música melhor
pra botar pra tocar? e liga
esse aquecedor..."

é sempre quando um homem
é tomado por amor e
todo o resto
que a chuva insiste
gotejando
alagadiça
chuva
boa pras árvores
pra grama pro ar...
bom para todas as coisas que
vivem só.

eu daria qualquer coisa
por uma mão feminina sobre mim
esta noite.

elas amolecem um homem
e o deixam sozinho
escutando a chuva.

melancolia

a história da melancolia
inclui todos nós.

eu, me contorço sob lençóis sujos
enquanto encaro as paredes azuis
e o nada.

me acostumei tanto a melancolia
que
a saúdo como se fôssemos velhos
amigos.

vou respeitar agora os 15 minutos de luto
pela perda da ruiva,
rogo aos deuses.

faço isso e me sinto um pouco mal
um pouco triste,
então me ergo
REVIGORADO

mesmo sabendo que nada foi
resolvido.

é isso que ganho pelos pés na bunda
que dei na religião.

devia é ter dado um pé na bunda
na ruiva
onde estão seu cérebro e seu pão
com
manteiga...

mas, não, me senti mal
sobre tudo:
a perda da ruiva foi só mais uma
esmagadora derrota numa vida
de derrotas...

escuto os tambores no rádio agora
e dou uma risada.

há algo de errado comigo
para além da
melancolia.

um caso estetoscópico

meu médico chegou no seu consultório
depois de sair de uma cirurgia e acabou
me encontrando no mictório.
"por Deus", diz,
"onde você achou ela? ai, como gosto
de *olhar* garotas assim!"
digo a ele: "é minha especialidade: corações
de concreto e corpo perfeito. se conseguir
escutar uma batida de coração, me avise".
"vou dar uma boa olhada nela", ele me fala.
"sim, e por favor lembre-se do código
de ética de sua profissão honrosa", digo
a ele.

primeiro fechou a braguilha, depois lavou as mãos
e me perguntou: "como está sua saúde?"

"fisicamente, funciono como um relógio. mentalmente estou
devastado, arrasado, carregando minha cruz, toda
essa merda."

"cuidarei dela."

"tá bem. e me deixe saber da batida do coração."

ele sai,
termino, fecho a braguilha e saio também.
apenas não lavo as mãos.

já superei isso.

morda-se de raiva

vim até aqui, ela disse, para te dizer
que já deu. não tô brincando,
acabou. é isso.

me sento no sofá e fico vendo ela fazer
arranjos do seu cabelo ruivo no
espelho do meu quarto.
ela puxa o cabelo para cima e
faz um coque no alto de sua cabeça —
ela deixa seus olhos encontrarem
os meus —
então deixa que o cabelo
cubra seu rosto.

vamos pra cama e a seguro
pelas costas, sem palavras
meu braço ao redor do seu pescoço
toco seus pulsos e mão
sinto seus
cotovelos
não vou além.

ela se levanta.

é isso, ela diz.
morda-se de raiva. você
tem algum elástico de cabelo?

não sei.

achei um, ela fala,
vai servir. bem,
vou indo.

me levanto e vou com ela
até a porta
quando sai
ela diz:
quero que você me compre
um salto alto
agulha
preto.
não, não, quero ele
vermelho.

fico vendo ela caminhar pela passagem de cimento
sob a sombra das árvores
ela anda direitinho e
enquanto os ipês gotejam ao sol
fecho a porta.

a retirada

desta vez acabou comigo.

me sinto como as tropas alemãs
açoitadas pela neve e o comunismo
curvadas, os coturnos
gastos forrados
com jornal.

minha condição é tão terrível quanto
ou pior.

a vitória estava tão perto
a vitória estava ali.

ela ficou de frente para o espelho
mais jovem e mais bela do que
qualquer mulher que eu tenha conhecido
penteando jardas e jardas de cabelo flamejante
enquanto eu a observava

e quando ela veio pra cama
mais bela do que nunca
o amor foi muito muito bom.

onze meses.

agora ela se foi
como todas que se foram.

só que desta vez acabou comigo.

é uma longa estrada de volta
e voltar pra onde?

o cara que vai na frente acaba
de cair.

passo por cima dele.

será que ela pegou ele também?

cometi um erro

me estiquei até a última prateleira do armário
e puxei de lá uma calcinha azul
mostrei a ela e perguntei:
"são suas?"

ela olhou e disse:
"não, essas são da cadela".

partiu logo depois e nunca
mais voltou. ela não está na casa dela.
continuo indo lá, deixo recados
na porta. volto e os bilhetes
continuam intocados. arranco
a cruz maltesa do retrovisor
do meu carro, e a amarro com
um cadarço na maçaneta da porta,
junto de alguns poemas.
quando volto na noite seguinte
ainda estão lá.

insisto em buscar pelas ruas
pelo encouraçado sangue-vinho que ela
dirige sempre com a bateria arriada, e portas
pendendo das dobradiças arregaçadas.

rodo pelas ruas
a um passo de chorar,
envergonhado do meu sentimentalismo
e possível amor.

o homem velho confuso rodando sob a chuva
se perguntando onde a boa sorte
foi parar.

IV

Melodias populares no que restou de sua mente

garotas de meia-calça[*]

estudantes de meia-calça
lotam os pontos de ônibus
exaustas aos 13
os lábios pintados de framboesa.
sob o sol está quente
e o dia na escola foi
chato, e ir pra casa
é chato, e
eu rodo por aí espiando
suas pernas aquecidas.
seus olhos também
rodam por aí —
foram avisadas sobre a brutalidade
e o tesão dos derrotados;
eles simplesmente não desistem e ainda assim.
é chato
ver os minutos passarem

---

[*] A edição escolheu manter este poema, cujo conteúdo relativiza pedofilia, para fins de fidelidade à obra original. [N.E.]

no banco e os anos
em casa, e os livros,
que carregam, também, são
chatos e a comida, que comem,
é chata, e mesmo a brutalidade
e o tesão dos derrotados é
chato.

as garotas em meia-calça esperam
esperam a hora propícia
aí irão se mover
para conquistar.

rodo com meu carro
espiando suas pernas
grato porque jamais serei
parte do seu paraíso
ou do seu inferno. mas aquele batom escarlate
naqueles tristes lábios
esperando! como seria
agradável beijar cada uma
delas de uma vez, completamente,
e devolvê-las ao ponto.
mas o ônibus
as pegará antes.

subindo seu rio amarelo

uma mulher disse a um homem
assim que ele desceu do avião
que eu estava morto.
virei notícia de capa
de revista e mais alguém
afirma ter ouvido boatos
sobre minha morte, então
alguém escreve um artigo e diz
nosso Rimbaud nosso Villon
está morto. ao mesmo tempo
um velho camarada de bebedeiras publicou
um texto afirmando que eu
já não podia mais escrever. um
verdadeiro trabalho de Judas. eles não podem
esperar que eu me vá, esses
malditos. bem, estou escutando
o piano de Tchaikovsky
concerto número um e
o locutor anuncia

que a 5ª e 10ª de Mahler
estão chegando por
Amsterdã,
e as garrafas de cerveja estão
pelo chão e as cinzas
dos meus cigarros
cobrem minha cueca de algodão
e minhas tripas, disse a todas
as minhas namoradas que fossem
pro inferno, e mesmo isso
é um poema melhor que qualquer
coisa escrita por aqueles
coveiros.

artistas:

ela me escreve há anos.
"estou bebendo vinho na cozinha.
chove lá fora. as crianças
estão no colégio."

ela era uma cidadã como qualquer outra
preocupada com sua alma, sua máquina de escrever
e sua
reputação de poeta marginal.

o que escrevia era decente e honesto
mas apenas porque outros
já haviam pavimentado a estrada.

me telefonou bêbada às 2h da manhã
às 3h da manhã
enquanto seu marido dormia.

"é bom escutar sua voz", ela
disse.

"é bom escutar a sua também", eu
respondi.

que se foda,
sabe.

ela finalmente apareceu. algo
a ver com
The Chaparral Poets Society of California
precisavam eleger seus quadros. me ligou
do hotel deles.

"tô aqui", ela disse, "vamos eleger
o comitê."
"ok, bom", eu disse, "escolha uns bons."
desliguei.

o telefone tocou de novo.
"ei, não quer me ver?"

"claro", eu disse, "passa o endereço."

gozei assim que ela desligou
troquei minhas meias
bebi meia garrafa de vinho
e dirigi até lá.

estão todos bêbados tentando comer
um ao outro.

a levo até minha casa.

ela vestia uma calcinha rosa
com lacinhos.

bebemos mais
fumamos e falamos
de Ezra Pound e
dormimos.

não é mais claro
para mim se a levei até
o aeroporto
ou não.

ela ainda escreve cartas
e eu respondo
escrotamente cada uma delas
na esperança de que
parasse.

algum dia ela pode dar a sorte
de chegar à fama de Erika
Jong. (seu rosto não é grande
coisa, mas seu corpo é)
e pensarei,
Deus, o que fiz?
fudi com tudo.
ou: não fodi com
isso.

por enquanto tenho o número de sua caixa postal
melhor informá-la

que meu segundo romance
sai em setembro.
isso deve manter seus mamilos duros
enquanto considero a possibilidade de
Francine du Plessix Gray.

também carimbei a cueca

escuto-os lá fora:
"ele sempre escreveu tão
tarde?"
"não, não é usual."
"ele não deveria trabalhar
a essa hora."
"ele raramente o faz."
"ele bebe?"
"acho que sim."
"ontem ele foi até a caixa
de correio só de cueca."
"o vi também."
"ele não tem amigos."
"tá velho."
"não deveria trabalhar a essa hora."

entram e começa
a chover enquanto
escuto o estampido de 3 três tiros à meia
quadra de distância e

um dos arranha-céus
no centro de L.A. começa
a arder
8 metros de chamas lambendo
a cidade em direção ao seu fim.

hawley está deixando a cidade

o olhar
desse cara é intenso
e ele é moreno
bronzeado de sol
de Hollywood e de Western
o sol da pista
ele me vê e diz:
"ei, Hawley vai ficar fora
por uma semana. o maldito
brinca com minhas probabilidades. agora
tenho uma chance

sorria a sério:
com Hawley fora da cidade
ele vai em direção
àquele castelo em Hollywood Hills,
dançarinas
seis pastores alemães
uma ponte levadiça,
um vinho
de dez anos.

Sam o cara do puteiro
vem até a gente e digo a ele
que estou tirando 150 limpos
na pista por dia.
"trabalho direto no mural
eletrônico", digo a ele.
"preciso de uma garota", ele me diz,
"quem mais poderia tirar o atraso de um cara
sem essa baboseira
de moral cristã
afinal."

"Hawley está fora da cidade",
digo a Sam.

"onde está Shoe?"
ele pergunta.
"de volta pro leste", disse um velho
parado logo ali.
ele tinha um escudo de plástico branco
sobre o olho esquerdo
repleto de furinhos.

"o que deixa tudo pra Pinky",
disse o homem negro.

ficamos todos de frente um
para o outro.
então
um sinal silencioso foi dado
nos viramos

e começamos a andar,
cada um
numa direção diferente:
norte sul leste oeste.

sabemos de algo.

um poema rude

continuam a escrever
bombeando poemas —
jovens garotos e esposas de
professores universitários que bebem vinho durante a tarde
enquanto seus maridos trabalham,
continuam a escrever
os mesmos nomes nas mesmas revistas
todo mundo escrevendo um pouco pior a cada ano,
lançando uma antologia
e bombeando mais poemas
é como um concurso
é um concurso
mas o prêmio é invisível.

não escrevem contos ou artigos
ou romances
apenas seguem
bombeando poemas
cada um deles soando mais e mais como os outros
e menos e menos como eles mesmos,
e alguns jovens até se cansam e desistem

mas jamais os professores universitários
e as esposas que passam as tardes bebendo vinho
nunca nunca desistem
e outros jovens chegam com novas revistas
e há algumas correspondências com madames e outros poetas
    homens
e alguns fodem
e tudo é exagerado e estúpido.

quando os poemas são recusados
eles reescrevem e
enviam para a próxima revista da lista,
e participam de *saraus*
todo sarau que possam ir
sem receber um tostão na maioria
esperando que alguém os reconheça
os aplauda
os celebrem pelo seu
talento
e estão tão certos de sua genialidade
duvidam muito pouco de si mesmos,
e a maioria deles vivem em North Beach ou Nova York,
e seus rostos são como seus poemas:
iguais,
e conhecem uns aos outros e
e se reúnem e se odeiam e se admiram e se escolhem e se des-
    cartam
e seguem bombeando mais poemas
mais poemas
mais poemas
o concurso dos sem-sal:
tap tap tap, tap tap, tap tap tap, tap tap...

a abelha

suponho que seja assim com todo garoto
tive um melhor amigo de bairro.
o nome dele era Eugene e ele era maior do
que eu e era um ano mais velho.
Eugene me enchia de porrada
ficávamos de briguinha o tempo todo.
tentava superá-lo mas sem muito
sucesso.

certa vez pulamos sobre o telhado de uma garagem juntos
para provar que tínhamos culhões.
torci o tornozelo e ele saiu sem um ralado
como manteiga recém tirada da embalagem.

acho que a única coisa que fez por mim
foi quando uma abelha me picou e eu estava descalço
enquanto me sentava para tirar o ferrão
ele dizia:
"vou pegar esse filho da puta!"

e ele pegou
com uma raquete de tênis
e depois um martelo de borracha.

estava tudo bem
dizem que elas morrem
de qualquer jeito.

meu pé inchou até dobrar de tamanho
fiquei de cama
rezando pela minha morte.

Eugene seguiu em frente e se tornou
um Almirante ou um Comandante
ou algo grande na Marinha dos Estados Unidos
e atravessou uma ou duas guerras
sem ferimento algum.

imagino ele agora
um velho numa cadeira de balanço
de dentadura
bebendo seu leitinho...

eu bêbado
dou uma dedada na groupie de 19 anos
que está na cama comigo.

mas a pior parte é que
(como quando saltamos o telhado da garagem)
Eugene vence de novo
porque ele nem mesmo está pensando
em mim.

o maioral

aí vem o cabeça de peixe cantante
aí vem a batata assada travestida

aí vem nada para fazer o dia todo
aí vem outra noite insone

aí vem o telefone tocando no tom errado

aí vem o cupim com o banjo
aí vem o mastro com olhos vazios
aí vem o gato e o cão usando meias de nylon

vem aí a metralhadora cantante
vem aí o bacon queimando na frigideira
vem aí uma voz dizendo algo estúpido

vem aí o jornal recheado com vermelhos passarinhos
com bicos achatados e marrons

vem aí a vadia carregando uma tocha

uma granada
um amor mortal

aí vem a vitória carregando
um balde de sangue
e tropeçando num arbusto

e os lençóis pendurados nas janelas

e os bombardeiros indo direção leste oeste norte sul
se perdem
são revirados como salada

como todos os peixes do oceano se enfileiram formando
uma única fila
uma única longa fila
uma única longa e fina fila
a mais longa fila que você pode imaginar

e nos perdemos
caminhando por montanhas púrpuras

caminhamos perdidos
nus apenas carregando a faca

tendo desistido
tendo posto tudo para fora como uma inesperada semente de
    azeitona

enquanto a garota da central telefônica
grita no telefone:
"não ligue de volta! você soa como um babaca!"

ah...

bebendo cerveja alemã
e tentando sair com um
poema imortal às
5 da tarde.
mas, ah, disse aos
alunos que a coisa
a fazer é não tentar.

mas quando as mulheres não
estão por perto e os cavalos
não estão correndo
o que mais posso fazer?

tive meia dúzia de
fantasias sexuais
almocei fora
enviei três cartas
fui ao mercado.
nada na tv.
o telefone está mudo.

passeio o fio dental
pelos meus dentes.

não vai chover e escuto
os primeiros a chegarem
das 8 horas de trabalho
enquanto estacionam seus carros
atrás do apartamento
ao lado.

sentado bebendo minha cerveja alemã
e tentando sair com um dos
grandes
e não vou conseguir.
só vou continuar a beber
mais e mais cerveja alemã
e enrolar cigarros
e lá pelas 11 da noite
estarei estirado
sobre uma cama desarrumada
barriga para cima
acordado sob a luz
elétrica
ainda esperando o poema
imortal.

a garota no ponto de ônibus[*]

eu a vi enquanto estava na pista da esquerda
indo para o leste pela Sunset.
ela estava sentada
com as pernas cruzadas
lendo um livro de bolso.
ela era italiana ou indiana ou
grega
e quando parei no sinal vermelho
vez ou outra um vento
erguia sua saia,
estava de frente pra ela
observando suas pernas
tão perfeitamente imaculadas
nunca tinha visto coisa igual.
eu estava essencialmente
acanhado mas olhava
e seguia olhando até

---

[*] A edição escolheu manter este poema, cujo conteúdo relativiza assédio sexual, para fins de fidelidade à obra original. [N.E.]

que a pessoa no carro de trás
buzinou.

nunca havia acontecido desta
forma.
rodei pelo quarteirão
e parei no estacionamento do
supermercado
diretamente de frente para ela através dos
meus óculos escuros continuei
a olhar
como um colegial tendo sua primeira
ereção.

memorizei seus sapatos
vestido
meia
rosto.
carros vieram e bloquearam
minha visão.
então a vi de novo.
o vento ergueu sua saia
acima das coxas
e eu comecei a me tocar.
logo antes do ônibus chegar
cheguei ao clímax.
cheirei meu esperma
senti ele grudar na bermuda
e na cueca.

era um ônibus branco feio e velho

que levou ela embora.

saí do estacionamento de ré
pensando, sou um bisbilhoteiro pervertido
mas ao menos não
me expus.

sou um bisbilhoteiro pervertido
mas por que fazem isso?
por que se vestem desse jeito?
por que deixam o vento fazer
o que faz?

quando voltei para casa
tirei a roupa e tomei
um banho
me enrolei na toalha
liguei
as notícias
desliguei as notícias
e
escrevi este poema.

tô voltando pra onde estava

costumava tirar a parte de trás
do telefone e enchê-la com trapos
e quando alguém batesse na porta
eu não responderia e se persistissem
diria em termos vulgares
para evaporarem dali.

outro velho rabugento
com asas de ouro
barriga branca e flácida
e mais
olhos capazes de derrubar
o sol.

um casal amável

tinha que cagar
mas em vez disso
entrei nessa loja
pra fazer uma chave.
a mulher usava um vestido
de algodão estampa de tapete de piquenique e
cheirava a rato
almiscarado.
"Ralph", ela urrou
e um porco velho vestido
com uma camisa floral
e sapatos 39, o marido
dela, apareceu e ela
disse: "este homem
quer uma chave".
ele começou a afiar os
dentes com extrema
má vontade.
no ar, sombras
furtivas e

urina.
fui até o balcão
de vidro, apontei
e disse para ela: "quero
este".
ela me entregou:
um canivete em
um estojo
roxo.
6,50 dólares mais taxas.
a chave custou
praticamente
nada.
peguei meu troco
e saí
para a rua.
às vezes, você precisa
de gente assim.

a paisagem mais estranha que você já viu —

eu tinha esse quarto de frente no DeLongpre
costumava ficar lá por horas
durante o dia
olhando pela janela
da frente.
havia um número incontável de garotas
que passavam
rebolando;
isso ajudava as minhas tardes,
adicionando algo à cerveja
e aos cigarros.

certo dia vi algo
a mais.
primeiro veio o som.
"venha, empurre!" ele disse.
era uma tábua enorme
1 metro de largura
por 20 centímetros de comprimento;
rodinhas atarraxadas às extremidades

e ao meio.
ele puxava pela frente
duas longas correias amarradas à tábua
e ela ia atrás
guiando e também empurrando.
todas as posses deles iam na tábua:
potes, panelas, colchas, e tudo mais
amarrados à tábua
bem presos;
e as rodinhas rangiam.

ele era branco, um caipira
do sul —
magro, ombros caídos, as calças tão
caídas que quase
revelavam o rabo —
seu rosto rosado pelo sol
e vinho barato,
e ela era preta
ia toda aprumada
empurrando;
ela era simplesmente maravilhosa
de turbante
e longos brincos verdes
vestido amarelo
do
pescoço aos
pés.
seu rosto gloriosamente
indiferente.

"fica de boa!" ele gritou, olhando para
trás, "alguém vai
alugar um lugar pra gente!"

ela não respondeu.

então eles tinham sumido
mas eu ainda escutava
as rodinhas.

eles vão conseguir,
pensei.

tenho certeza que
sim.

um bairro de assassinos

as baratas cospem
clipes de papel
e os helicópteros circulam e circulam
farejando sangue
holofotes se esgueiram até
nossa cama

5 caras neste quarteirão têm pistolas
um outro
um facão
somos todos assassinos e
alcoólatras
mas há piores ali no hotel
cruzando a rua
ficam sentados na soleira verde e branca
banais e depravados
esperando que sejam institucionalizados

aqui cada um de nós têm uma planta pequena
na janela

e quando brigamos com nossas mulheres às 3 da manhã
falamos
calmamente
e em cada uma das varandas
há um pequeno prato de comida
sempre ingerido pela manhã
presumimos
por
gatos.

soldado de primeira classe

tiraram meu homem das ruas
outro dia
usava um moletom do L.A. Rams
as mangas
cortadas
e por baixo
uma camiseta do exército
soldado raso
acima, uma boina verde
caminhava empertigado
um homem negro em bermuda cargo
e cabelo platinado
nunca incomodou ninguém
roubava alguns bebês
e saia a correr rindo
mas sempre retornava com os infantes
ilesos
dormia no fundos
do Love Parlor
as garotas deixavam.

compaixão se acha em
lugares estranhos.

certo dia não mais o vi
então veio mais um.
e perguntei por aí.

meus impostos estão subindo
de novo. e o estado tem
que dar casa e comida
pro nosso amigo. mas
os vermes os pegaram
nada bom.

o amor é um cão dos infernos

pés de queijo
alma de cafeteira
mãos que odeiam tacos de bilhar
olhos de clipe de papel
prefiro vinho tinto
fico entediado em aviões
sou dócil durante terremotos
sonolento em funerais
vomito nas passeatas
sou apto ao sacrifício nos jogos
de xadrez e xoxota e cuidado
cheiro a urina nas igrejas
já não posso ler
já não posso dormir

olhos de clipe de papel
meus olhos verdes
prefiro vinho branco

meu pacote de camisinhas está prestes

a perder a validade
pego algumas
Trojan-Enz
lubrificada
para maior sensibilidade
tiro todas e
coloco três delas

as paredes do meu quarto são azuis

Linda, para onde você foi?
Katherine, para onde você foi?
(e Nina foi para Inglaterra)

tenho cortadores de unha
e limpa-vidro Windex
olhos verdes
um quarto azul
brilhante metralhadora solar

essa coisa toda é como uma foca
presa em rochas oleosas
e cercada pela Banda Marcial de Long Beach
às 15h36 da tarde

há um tique-taque atrás de mim
mas nenhum relógio
sinto algo rastejando
no lado esquerdo do meu nariz:
memórias de aviões

minha mãe tem dentes falsos
meu pai tem dentes falsos
e em todo sábado de suas vidas
retiravam os tapete de casa
e enceravam os tacos do chão

e os cobriam com tapetes novamente
e Nina está na Inglaterra
e Irene está no abrigo
e pego meus olhos verdes
e me deito no meu quarto azul.

minha groupie

fiz uma leitura no último sábado num
bosque pra além de Santa Cruz
e estava prestes a terminar
quando escutei um grito longo e alto
um tanto atraente
de uma garota que veio correndo em minha direção
vestido longo de cetim & divinos olhos em brasa
então pulou no palco e
gritou: "TE QUERO!
TE QUERO! ME PEGUE! ME
PEGUE!"
disse a ela: "olhe, fique
longe de mim".
mas ela continuava agarrada
às minhas roupas e se jogando
em mim.
"onde você estava", perguntei
a ela, " quando eu vivia
só com uma barra de doce por dia
e enviando contos para o

Atlantic Monthly?"
ela agarrou minhas bolas e
quase arrancou fora. seus beijos
tinham gosto de sopa de merda.
2 mulheres pularam no palco
e
carregaram
para o
bosque.
eu ainda podia escutar seus gritos
enquanto começava o próximo poema.

pensei, talvez eu devesse tê-la
possuído ali no palco na
frente de todos.
mas ninguém pode nunca ter certeza
se é boa poesia ou
ácido ruim.

agora, se você estivesse dando aula de escrita criativa, ele perguntou, o que diria a eles?

diria pra terem um caso de amor
fracassado, hemorroidas, dentes ruins
e beberem vinho barato,
evitarem a ópera, o golfe e o xadrez,
mudarem a cama de lugar
incontáveis vezes
e então diria para terem outro
caso de amor fracassado
e nunca usarem uma fita de seda
na máquina de escrever,
evitarem os piqueniques em família
ou serem fotografados num campo
de rosas;
ler Hemingway apenas uma vez
pular Faulkner
ignorar Gogol
encarar fotos de Gertrude Stein
e ler Sherwood Anderson na cama
enquanto comem biscoitos de água e sal,
perceber que pessoas que continuamente
falam em revolução sexual estão

mais assustadas do que você.
escutar E. Power Biggs trabalhar
em seu órgão enquanto você
enrola seu Bull Durham no escuro
numa cidade estranha
faltando um dia pra vencer o aluguel
depois de desistir
dos amigos, dos parentes e do trabalho.
nunca se considerar superior e/
ou justo
e nunca tentar ser.
ter outro caso de amor fracassado.
assistir uma mosca voar entre as cortinas de verão.
nunca tentar vencer.
não jogar sinuca.
sentir o prazer da raiva justificada quando
encontrar seu carro com os pneus furados
tomar vitaminas, mas não levantar peso ou corra.

então depois de tudo isso
reverta o processo.
tenha um bom caso de amor.
e o que você pode
aprender
é que ninguém sabe de nada —
nem o Estado, nem o rato
a mangueira no jardim ou a Estrela Polar.
e se você alguma vez me pegar
lecionando escrita criativa
leia isso de volta para mim
e eu lhe darei nota dez
com louvor
bem no olho do seu cu.

a boa vida

uma casa com 7 ou 8 pessoas
vivendo ali
rachando o aluguel.
há um rádio nunca usado
e um jogo de bongos
nunca usado
e há tapetes sobre as
janelas
e você fuma
enquanto as baratas ainda vivas
escorregam pelos botões
de sua camisa até
o chão.

está escuro e alguém sai
em busca de comida. você come
e dorme. todo mundo dorme de
uma vez: no chão, na mesa de café,
nos sofás, nas camas, nas banheiras. tem
até um no arbusto lá fora.

então alguém acorda
dizendo: "vamos enrolar um
baseado!"

outros acordam.
"vambora"

"ok. vamos lá, alguém enrola
dois. vamos fumar
um!"

"isso! vamos fumar um!"

fumamos alguns baseados e então
dormimos de novo
apenas trocando as posições:
do banheiro pro sofá, da mesa de café
pro tapete, da cama pro chão, e um novato
cai no arbusto
lá fora, e ainda nem acharam
Patty Hearst e Tim não querem
falar com
Allan.

o grego

o cara no pátio da frente não
consegue falar inglês, ele é grego, um
homem de aparência um tanto estúpida e
feio pra caralho.

agora meu proprietário paga de artista,
não é dos bons.

mas mostrou ao Grego alguns quadros.

e o Grego saiu comprando papel,
borracha e tinta.

começou a pintar no seu pátio
mesmo. e deixa os quadros lá
pra secar.

o Grego não havia pintado antes —
lá vem:
        uma guitarra azul

uma rua
um cavalo.

ele é bom
para um quarentão ele
é bom.
achou um
brinquedo
é feliz
agora.

então eu penso, eu me pergunto e se ele ficar
muito bom?
e me pergunto se terei que assistir
ao resto?
a glória e as mulheres e as mulheres e
as mulheres e as mulheres e
a decadência.

quase posso escutar os sanguessugas formando fila
à esquerda.

você vê,
eu já me apeguei a ele.

meus camaradas

este leciona
aquele lá vive com a mãe.
e aquele é bancado por um pai alcoólatra
que fica vermelho fácil
com um cérebro de muriçoca.
aquele ali se enche de bala e é bancado
pela mesma mulher há 14 anos.
aquele ali escreve um romance a cada dez dias
mas ao menos paga o próprio aluguel.
este vive indo de um lugar pro outro
dormindo em sofás, bebendo e proferindo seus
discursos.
este imprime os próprios livros
num mimeógrafo.
aquele vive num vestiário abandonado
de um hotel em Hollywood.
este parece saber como ganhar edital atrás de edital
a sua vida é preencher formulários.
este aqui simplesmente é rico e vive no melhor dos
lugares enquanto bate nas melhores portas.

aquele tomou café da manhã com William Carlos
Williams.
este leciona.
aquele leciona.
e este aqui publica livros de autoajuda
e fala num tom cruel e dominador.

estão por todos os lugares.
todo mundo é um escritor.
e quase sempre todo escritor é um poeta.
poetas poetas poetas poetas poetas poetas
poetas poetas poetas poetas poetas poetas

na próxima vez em que o telefone tocar
será um poeta.
a próxima pessoa a bater na porta
será um poeta.
este aqui leciona.
e aquele lá vive com a mãe
e outro ali tá escrevendo a história
de Ezra Pound.
ah, irmãos, somos os mais doentes e os mais
baixos de nossa raça.

alma

ah, como se preocupam com a minha
alma!
recebo cartas
o telefone toca...
"você vai ficar bem?"
perguntam.
"ficará tudo bem", digo a eles.
"já vi tantos se afundarem na sarjeta",
me dizem.
"não se preocupe comigo", eu digo.

ainda assim mexem com meus nervos.
vou pro banho
saio e espremo uma espinha
do meu nariz.
então vou a cozinha e faço
um sanduíche de salame e presunto.
eu costumava viver de barrinhas de cereal.
agora importo mostarda alemã
pro meu sanduíche. talvez eu esteja em perigo
por causa disso.

o telefone continua tocando e as cartas
chegando.

se você vive num armário com ratos
e come pão duro
gostam de você.
você é um gênio
então.

ou se tá internado na ala psiquiátrica ou
no banquinho dos bêbados na delegacia
te chamam de gênio.
ou se você tá bêbado berrando
obscenidades e
vomitando suas tripas
no carpete
tá aí um gênio.

mas pagar o aluguel
adiantado
colocar um par de meias novas
ir ao dentista
fazer amor com uma garota limpa e saudável
no lugar das putas
então você vendeu
sua alma.

não dou a mínima pra
alma deles.
acho
que deveria.

mudança de hábito

Shirley chegou à cidade com uma perna quebrada
e encontrou um chicano que fumava
delgados charutos
e se juntaram
na rua Beacon
5º andar;
a perna não atrapalhava
muito e
assistiam tv juntos
e Shirley cozinhava
de muletas e tudo;
havia um gato, Bogey,
e eles tinham alguns amigos
que falavam sobre esportes e Richard Nixon
e todo tipo de diabo que
viesse à terra.
funcionou por uns meses,
Shirley se livrou do gesso
e o chicano, Manuel,
conseguiu um trabalho em Biltmore,

Shirley costurou todos os botões
caídos das camisas de Manuel, combinava os remendos com
as cores das meias, então
certo dia Manuel voltou para casa,
e ela não estava mais lá —
sem discussão ou um bilhete, partiu
apenas, todas suas roupas
todas suas coisas, e
Manuel sentou no parapeito e olhou
e não fez seu trabalho
no dia seguinte nem
no próximo dia
nem no dia depois, ele
nem telefonava, ele
foi demitido,
multado, fumou
quatrocentos e sessenta cigarros, foi preso
por embriaguez, pagou a fiança,
foi ao júri e se declarou
culpado.

quando o aluguel venceu ele
se mudou da rua Beacon, ele
deixou o gato e foi viver com
seu irmão e
se embriagavam
toda noite
e falavam de quão
terrível
a vida era.

Manuel nunca mais fumou
delgados charutos
porque Shirley dizia
que ele ficava lindo
com um daqueles
na boca.

$$$$$$

sempre tive problema com
dinheiro.
este lugar onde trabalhei
todo mundo comia cachorro quente
e batata frita
na cafeteria da empresa
3 dias antes de cada
pagamento.
eu queria bife,
até fui ver o gerente
na cafeteria
para demandar
que servissem bifes. ele se recusou.

me esquecia do dia de pagamento.
minha taxa de absenteísmo era alta
e o dia do pagamento chegava e todo
mundo começava a falar do
assunto.
"o cheque caiu?", eu dizia, "caramba! é hoje
o dia? esqueci de descontar o meu
último cheque..."

"para de bobeira, homem…"

"não, não, verdade…"

me levantava e ia direto pro caixa
e claro que o cheque ainda estava
lá e eu voltava mostrando-o pra
todos. "Jesus, eu esqueci
mesmo…"

por algum motivo ficavam com
raiva. então o funcionário do caixa
aparecia. eu tinha dois
cheques. "Jesus", dizia, "dois cheques."
e ficavam
com raiva.
alguns deles têm
dois empregos.

no pior dia
chovia forte,
e eu não tinha uma capa então
coloquei um casaco velho
que não usava há meses e
cheguei um pouco atrasado
enquanto trabalhavam.
procurei no casaco por algum
cigarro
e achei 5 dólares
no bolso da lateral:
"olhem", eu disse, "achei 5 dólares
que eu não sabia ter,
engraçado!"

"ei, cara, deixe de merda"

"não, não, juro, não lembrava mesmo
de estar com esse casaco quando
tava bêbado vagando de bar
em bar. já me furtaram outras vezes
tive esse pressentimento... tirei o dinheiro
da carteira e escondi em
outro lugar."

"senta aí e começa a trabalhar
logo."

coloquei a mão no bolso interno do casaco:
"caraca, aqui tem VINTE! Deus, aqui uma

de VINTE não fazia ideia
que tinha! tô
RICO!"
"você não é engraçado,
filho da puta..."
"Deus, aqui OUTRO
vintão! demais, muito muito
dinheiro... eu *sabia* que não tinha gasto tudo isso
aquela noite. achei que tivessem
me furtado de novo..."

continuei investigando
o casaco: "aqui! dez e
aqui, cinco! meu Deus..."

"escuta, tô dizendo para *sentar*
e calar a boca..."

"meu deus, tô RICO... nem *preciso*
deste trabalho..."

"cara, *senta*..."
achei outro dez depois me sentar
mas eu não disse
nada.
podia sentir a maré de ódio
e estava confuso,
eles acreditam que eu tinha
encenado tudo aquilo
só para fazer com que
se sentissem mal. não
queria isso. pessoas que vivem
de cachorro quente e
batata frita por
3 dias antes do pagamento
já se sentem mal
o suficiente.
eu me sentei, me
inclinei e
comecei
a trabalhar.

lá fora
continuava
a chover.

sentado numa lanchonete

minha filha é a maior
das glórias.
estamos comendo
um lanche no carro
em Santa Mônica.
Digo: "ei, moleca,
minha vida tem sido
boa, muito boa".
ela olha para mim.
coloco minha cabeça
sobre o volante,
dou de ombros, então
abro a porta de supetão.
finjo vomitar.
retomo a postura.
ela ri
devorando
o sanduíche.
pego quatro
batata frita

coloco na boca,
mastigo.
são 17h30
e os carros passam
voando por nós.
olho de espreita:
temos toda a sorte
do mundo:
seus olhos brilham com
o fim do
dia e ela
sorri.

danação e cochilinho

meu amigo está preocupado com morrer

ele vive em Frisco
eu vivo em L.A.

ele vai à academia
puxa uns ferros e soca
sacos de areia.

a idade o desmerece.

não pode beber por conta do
fígado.

ele consegue fazer
50 flexões.

me escreve
cartas
dizendo

que sou o único
que o escuta.

claro, Hal, digo a ele
em um cartão-postal.

mas não quero pagar
academia.

vou pra cama
com um sanduíche de linguiça
de fígado com cebola
à uma da manhã.

depois de comer eu
cochilo
com os helicópteros
e abutres
sobrevoando meu colchão
de molas deformado.

louco como sempre fui

bêbado e escrevendo poemas
às 3 da manhã

o que conta agora
é mais uma
xoxota
apertada

antes que a luz
se apague

bêbado e escrevendo poemas
às 3:15 da manhã.

algumas pessoas me dizem
que sou famoso.

o que estou fazendo sozinho
bêbado e escrevendo poemas
às 3h18 da manhã?

estou louco como sempre fui
não conseguiam compreender
que eu ainda me pendurava pelos tornozelos
na janela do 4º andar —
faço agora
o mesmo
sentado aqui

passando isso a limpo
estou pendurado pelos meus tornozelos
andares acima:
68, 72, 101,
a sensação é a
mesma:
implacável
sem heroísmo
e necessária

sentado aqui
bêbado e escrevendo poemas
às 3h24 da manhã.

sexo

estou descendo a Avenida Wilton
quando essa garota de uns 15
usando jeans bem apertado
que se colam na sua bunda como duas mãos
salta em frente do meu carro
paro a tempo de deixá-la atravessar
enquanto assisto seu rebolado
ela olha diretamente para mim
através do para-brisas
com olhos púrpura
então faz brotar
de sua boca
a maior e mais chocante bolha rosa
de chiclete
que já vi
enquanto escutava Beethoven
no rádio do carro.
ela entrou num mercado e
desapareceu
e eu fiquei sozinho
com Ludwig.

já morreu

sempre quis dar
pro Henry Miller, ela disse,
mas quando cheguei lá
já era tarde.

porra, disse, as novinhas
sempre chegam tarde.
já me masturbei duas vezes
hoje.

esse não era o problema dele,
ela disse. a propósito, como
você consegue bater
tantas punhetas?

é o espaço, eu disse,
todo esse espaço entre
os poemas e as histórias é
intolerável.

deveria esperar, ela disse,
você é impaciente.

o que você pensa do Celine?
perguntei

queria dar para ele também.

já morreu, eu disse.

já morreu, ela disse.

se importa de escutar
uma musiquinha? perguntei
pode ser, ela disse.

dei a ela Ives.

foi tudo que pude oferecer
naquela noite.

gêmeos

ei, disse meu amigo, quero que você conheça
Hangdog Harry, ele me lembra você,
disse que tudo bem, e nos encontramos
num hotel barato.
vários idosos sentados assistindo a
algum programa de tv no lobby
subimos as escadas até
o 209 e lá estava Hangdog
sentado numa cadeira de palha
garrafa de vinho sob seus pés
calendário do ano passado na parede,
"sentem aí", ele disse,
"este é o problema:
a desumanidade do homem com o próprio homem
assistimos lentamente."
a ele enrolando um cigarro Bull Durham.
"tenho um pescoço de 40cm e vou matar
qualquer um que quiser foder comigo".
lambeu a seda
e cuspiu no tapete.

"sintam-se em casa. fiquem à vontade."

"como tá se sentindo, Hangdog?" perguntou
meu amigo.

"terrível. estou apaixonado por uma prostituta
e não a vejo tem 3 ou 4 semanas."

"o que você acha que ela está fazendo, Hang?"

"bem, agora nesse exato momento acho que
ela está chupando algum caralho."

ele pega a garrafa de vinho
e dá um gole daqueles.
"olha", disse meu amigo a Hangdog,
"temos que partir."

"ok, o tempo e a maré não
esperam..."

ele me olhou:
"qual é o seu nome mesmo?"

"Salomski."

"o prazer em lhe conhecer, garoto."

"igualmente."

descemos as escadas

e eles ainda estavam lá no lobby
assistindo tv.

"o que achou dele?"
meu amigo perguntou.

"porra", eu disse, "certamente era um
cara maneiro. sim."

o lugar não parecia ruim

ela tinha coxas colossais
e uma risada gostosa
ria de tudo
e as cortinas eram amarelas
eu gozei
e rolei pro lado
e antes dela ir ao banheiro
me jogou um pano que
estava debaixo da cama
duro
enrijecido pelo esperma
de outros.
me limpei naquela merda.

na volta ela
se curvou
e pude ver todo o seu traseiro
enquanto botava Mozart
para tocar.

as garotinhas

lá em cima no nordeste californiano
ele permaneceu em pé no púlpito
estava lendo há um tempo
havia lido poemas
sobre a natureza e a bondade
do homem.

ele sabia que tudo estava
certo e você não poderia culpá-lo:
ele era um professor e nunca esteve
preso ou num puteiro
ou numa lata-velha enguiçada
no meio do trânsito;
nunca precisou de mais de
3 drinks nas suas noites
mais selvagens;
nunca havia sido enrolado, espancado
roubado,
jamais mordido por um cão
recebia cartas agradáveis de Gary

Snyder, e seu rosto era
gentil, sem marcas e
dócil.
sua esposa nunca o traiu,
nem teve sua sorte.

ele disse: "vou ler apenas
mais 3 poemas e então
desço daqui e passo
a palavra pro Bukowski".

"ah não, William", disseram todas as
garotinhas em seus vestidos
rosas, azuis, brancos, laranjas e
lavanda, "ah não, William,
leia mais um, só mais
um!"

ele lê mais um poema e diz:
"este será o último poema que
vou ler".

"ah não, William", disseram todas as garotinhas
em seus vestidos de tule vermelho
e verde, "ah não, William", disseram
todas as garotinhas em seus jeans apertados
com pequenos corações bordados neles
"ah não, William", disseram todas as garotinhas,
"leia mais poemas, leia mais poemas!"

mas ele manteve sua palavra.

leu o poema, desceu do púlpito
e desapareceu. enquanto eu subia
as garotinhas se remexiam em seus
assentos e algumas delas assobiaram
e fizeram comentários
que usarei em outra ocasião.

duas ou três semanas depois
recebi uma carta de William
dizendo que *havia* gostado da minha leitura.
um verdadeiro cavalheiro.
estava na minha cama de cueca com
uma ressaca de 3 dias. perdi o envelope
mas peguei a carta e dobrei no formato
de avião como havia aprendido
no fundamental. ela voou pela sala
antes de aterrissar entre o programa da hípica
e um par de cuecas carimbadas.

nunca mais nos escrevemos.

chuva ou sol

os abutres do zoológico
(todos os 3)
silenciosamente se empoleiram em
sua árvore enjaulada
e abaixo deles
no chão
há pedaços de carne podre.
os abutres estão de barriga cheia.
nossos impostos os alimentam
bem.

fomos para a próxima
jaula.
um homem está lá
sentado no chão
comendo
sua própria merda.
eu reconheço ele
é o nosso antigo carteiro.
sua expressão favorita

sempre foi:
"tenha um ótimo dia".

aquele dia, eu tive.

ameixas geladas

comendo ameixas geladas na cama
ela me contou sobre o alemão
que era dono do quarteirão
exceto a loja de tecidos
ele tentou comprá-la
mas as garotas disseram, não.
o alemão tem o melhor mercadinho
de Pasadena, suas carnes são caras
mas valem o preço
e seus legumes e verduras são
bem baratos e ele
também vende flores. as pessoas chegam
de todos os cantos de Pasadena para comprar
em sua loja
mas ele queria comprar a loja de tecidos
e as garotas continuavam dizendo, não.
certa noite alguém foi visto correndo
pela porta dos fundos da loja de tecido
e teve um incêndio
quase tudo foi destruído —

fizeram um inventário de tudo,
tentaram salvar o que restou
fizeram uma queima de estoque
mas não funcionou.
tiveram que vender, finalmente,
e então o alemão se tornou proprietário da loja de tecidos
mas a deixou lá, vazia
a esposa do alemão até tentou reerguer o negócio
tentou vender cestas de vime e outras quinquilharias
mas não funcionou.

terminamos com as ameixas
"que história triste", falei.
então ela se curvou e começou a me chupar.
as janelas estavam abertas e você poderia escutar
a gritaria por todo bairro
às 5h30 da tarde.

as garotas estão voltando para casa

as garotas estão voltando para casa em seus carros
e eu me sento no parapeito da janela
pra assisti-las.

há uma garota de vestido vermelho
dirigindo um carro branco
há uma garota de vestido azul
dirigindo um carro azul.
há uma garota de vestido rosa
dirigindo um carro vermelho.

quando a garota de vestido vermelho
desce do seu carro branco
eu olho pras suas pernas

quando a garota de vestido azul
desce do carro azul
eu olho pras suas pernas
quando a garota de vestido rosa
desde do seu carro vermelho

eu olho pras suas pernas.

a garota no vestido vermelho
que saiu do carro branco
tem as melhores pernas.

a garota no vestido rosa
que saiu do carro vermelho
tem pernas medianas

mas continuo pensando na garota no vestido azul
que saiu do carro azul.

eu vi sua calcinha
você não sabe como a vida pode ficar interessante
por aqui
lá pelas 17h35.

em certo piquenique

o que me lembra
que trepei com Jane por 7 anos
ela era uma alcoólatra
eu a amava

meus pais a odiavam
eu odiava meus pais
fazíamos um ótimo
quarteto

certo dia fomos a um piquenique
juntos
lá nas montanhas
jogamos carta e bebemos cerveja
e comemos salada de batata

a trataram como se fosse um ser humano
finalmente

todo mundo riu
eu não.
mais tarde na minha casa
sob efeito do whisky
disse a ela
que não gostava deles
mas que foi bom que a trataram
bem.

seu idiota, ela disse,
você não percebeu?

o quê?

eles ficavam encarando minha barriga,
acham que estou grávida.

ah sim, eu disse, um brinde à nossa linda
criança.

um brinde à nossa linda criança,
ela disse.

viramos os copos.

penicos

nos hospitais onde estive
você vê os crucifixos nas paredes
emoldurados pelas finas folhas de palmeiras
marrons e amarelas

é o sinal para aceitar o inevitável

mas o que realmente machuca
são os penicos
duros debaixo da sua bunda
você está morrendo
e supostamente precisa sentar
sobre essas coisa impossível
e urinar e
defecar

enquanto isso na cama
vizinha
uma família de 5 traz bons agouros
para um incurável caso

cardíaco
cancerígeno
ou de putrefação generalizada.

o penico é uma rocha impiedosa
uma horrível zombaria
porque ninguém quer arrastar seu corpo moribundo
até o banheiro e voltar.

você o arrasta
mas eles mantêm as barras erguidas:
você está no seu berço
seu pequeno berço de morte
quando a enfermeira volta
uma hora e meia depois
não há nada no penico
ela te lança o olhar
mais extremo

como se à beira da morte
fosse possível executar
a mais mundana das mundanas funções
de novo e de novo.

mas se você acha que isso é ruim
apenas relaxe
e deixe rolar
toda merda
nos lençóis

então você escutará
não apenas das enfermeiras
mas de todos
os outros pacientes...

a parte mais dura de morrer
é que esperam que você
se vá
como um foguete adentrando
a noite estrelada.

às vezes, dá pra ser arranjar

mas quando você precisa de uma bala e um revólver
você irá procurar
e achar
os fios sobre sua cabeça
conectados ao botão
anos atrás
foram cortados
aparados
eliminados
transformado
em algo
tão inútil
quanto um penico.

o bom perdedor

a face vermelha
do Texas
e os anos
ele está no jóquei
de L.A.
falando com
um grupo de pessoas.
é o 4º páreo
e está pronto
para ir:
"bem, até mais
parceiros, Deus abençoe
vocês, a gente se vê por aí
amanhã..."

"boa pessoa."
"uhum."

segue pro
estacionamento

pra entrar num carro
de 12 anos

dali vai partir
pruma pensão

seu quarto não terá nem
banheiro nem
um chuveiro

seu quarto terá
uma janela com
persiana de papel
e lá fora terá um
muro de cimento descascado
decorado com um graffiti cortesia
da gangue de chicanos

ele vai tirar seus
sapatos
e irá pra cama

estará escuro
mas ele não acenderá
a luz

ele não tem nada
pra fazer.

uma arte

lá do México
diretamente dos campos
pra 14 vitórias
13 por nocaute.
era ranqueado como 3º lugar
e na sua luta preliminar
foi nocauteado por um lutador
negro não ranqueado que não lutava
há 2 anos.

lá do México
diretamente dos campos
a bebida e as mulheres
o pegaram.
na revanche foi nocauteado outra vez
e suspenso por 6 meses.

de tão longe
direto pra garrafa e 2 casos de
doença venérea.

ele voltou em um ano
jurando que estava limpo,
que tinha aprendido
e conquistou um empate com o
9° lugar de sua divisão.

voltou para a revanche
e a luta foi parada no
3° round porque ele
não conseguia
se proteger.

e voltou lá pro
México
direto para os campos.
tem que ser um poeta da porra
como eu
pra lidar com bebida e mulheres
desviando de doenças venéreas
escrevendo sobre fracassos
como ele
e manter minha posição
entre os 10 primeiros:
lá da Alemanha
direto das fábricas
entre garrafas de cerveja
e o toque do
telefone.

as garotas no hotel verde

são mais bonitas do que
as estrelas de cinema
se espreguiçam no
gramado
tomando banho de sol
uma está sentada com um curto
vestido e sapatos altos
pernas cruzadas
expondo coxas
miraculosas.
ela tem uma bandana
na cabeça
e fuma um
cigarro comprido.
o trânsito tá lento
quase parado.

as garotas ignoram
o trânsito.
estão quase dormindo

no meio da tarde
são putas
são putas
desalmadas
e são mágicas
porque mentem
por nada.

entro no meu carro
e espero o trânsito
desafogar,
dirijo pelas ruas
até o hotel verde
até minha favorita:
ela está
tomando banho de sol
no gramado perto
do meio-fio.

"olá", eu digo.
ela vira seus olhos
de diamantes falsos
pra mim.
seu rosto não tem
expressão.

jogo meu último
livro de poemas
da janela do
carro.
cai do lado
dela.

engato a
primeira,
e parto.

haverá algumas
risadas
esta noite.

um bom rapaz

recebo
muitas ligações.
procuram
pela criatura.
não deveriam.

nunca liguei
pra Knut Hamsun
ou Ernie
ou Celine.

nunca liguei
pra Salinger
nem
Neruda.

hoje recebi
uma ligação:

"alô. é

o Charles Bukowski?"

"sim."

"bem, tenho
uma casa."

"sim?"

"um bordel."

"entendo."

"li seus
livros. tenho um puteiro
num barco em
Sausalito."

"certo."
"quero te deixar
meu número. se vier
a São Francisco
te pago uma bebida."

"ok, me passa seu
número."

anotei.

"mantemos um negócio de elite. nós
estamos atrás de advogados, senadores

cidadãos de alta classe, ladrões de banco,
cafetões, gente do tipo."

"te ligo quando aparecer
por aí."

"muitas das garotas
leem seus livros. elas
te amam."

"é?"
"é."

nos despedimos.

gostei daquela
ligação.

tempo de merda

meio bêbado
deixei sua casa
seus cobertores aquecidos
e estava de ressaca
nem sabia em que cidade
estava.
andei e andei e não
achei meu carro.
mas sabia que estava por lá.
e eu estava perdido
também.
andei e andei. era uma
quarta-feira de manhã e eu podia
ver o oceano ao sul.
mas toda aquela bebedeira:
a merda estava prestes a ser
despejada pra fora de mim.
andei até
o mar.
avistei uma estrutura

de tijolos nos limites
da arrebentação.
fui até lá. havia um
velho gemendo em um
dos troninhos.
"oi, parceiro", ele disse
"oi", eu disse.
"tá um inferno lá fora,
não?", o coroa me
perguntou.
"está", respondi.
"precisa de um refresco?"
"nunca antes do meio-dia."
"que horas são?"
"11h58."
"temos dois minutos."
me limpei, dei descarga,
botei minhas calças e zarpei.
o velho continuou no seu trono,
gemendo.
ele apontou para garrafa de vinho
aos seus pés
quase terminada
peguei e tomei metade
do que havia restado.
entreguei a ele uma enrugada e velha
nota de um dólar
então vomitei
no gramado.
olhei pro oceano e o
oceano parecia ok, repleto

de azuis, verdes e tubarões.
voltei de lá e desci
a rua determinado a achar meu carro.
levou uma hora e 15 minutos
e quando achei comecei a dirigir
como se soubesse tanto quanto
o próximo
cara.

loucura

não soco paredes com os punhos
apenas me sento
mas elam me tomam
de assalto.

a mulher do quintal dos fundo chora,
aos berros toda noite.
às vezes a polícia chega
e a leva por um ou dois dias.

acreditava que estivesse sofrendo a perda
de um grande amor
até que um dia chegou em mim e me contou
tudo —
havia perdido 8 quartinhos de bordel
prum gigolô que os surrupiou
dela
ela urrava e chorava pela perda das propriedades.
ela chorava enquanto me contava
então com a boca desenhada com um batom vencido

e cheirando a refogado
me beijou e disse:
"Hank, ninguém te ama se você não tem dinheiro".

ela é velha, quase tão velha quanto eu.

saiu, ainda chorando...

na outra manhã às 7h30, dois enfermeiros
negros chegaram com sua maca
só que bateram na minha porta.

"vamos, cara", disse o mais
alto.
"espera", eu disse, "foi um engano."

estava com uma ressaca terrível
em meu roupão surrado
os cabelos caindo nos meus olhos.

"este é o endereço que nos deram, cara,
é o 5437 e 2/5, certo?"

"sim."

"vamos lá, cara, chega de merda."

"vocês procuram é pela mulher dos fundos."

deram uma volta,

"esta porta aqui?"

"não, não, essa é a minha porta dos fundos. subam os degraus atrás de vocês. é a porta na esquerda, com a caixa de correios detonada."

oram lá e bateram na porta. e vi os dois a
carregando. não usaram a maca. ela saiu de braços dados com eles.
me ocorreu o pensamento de que pudessem estar levando a
    pessoa errada
mas não tinha certeza.

um poema de 56 anos

fui com duas madames
até Venice
procurar antiguidades.
estacionei no fundos de uma loja
e entrei lá com elas.
125 dólares por um relógio, 700 dólares por 6 cadeiras.
parei de procurar.

as madames deram uma volta
olhando tudo.
as madames tinham classe.
dei um tchauzinho pra uma das senhoras
e parti.

era domingo e o bar
não estava muito melhor,
todos nervosos e jovens
e loiros e pálidos.
terminei minha bebida, comprei mais 4 cervejas
na loja de conveniência

e bebi no meu carro mesmo.

terminei as 4
e as madames saíram.
me perguntaram se eu estava bem.
disse a elas que toda experiência
significa algo
e que elas me puxaram pra fora
da minha corrente
sombria.

a que eu conhecia melhor havia
comprado uma mesa de mármore por 100 dólares.
ela era senhora do próprio negócio e era
uma pessoa civilizada.
civilizada o suficiente para conhecer um vizinho
que tinha uma van
e enquanto eu sentava em seu apartamento bebendo
1974 *Zeller Schwarze Katz*
eles foram lá e pegaram a mesa.

mais tarde ela queria saber o que eu tinha achado
da mesa e eu disse que me parecia acertada,
às vezes eu perdia cem dólares no
jóquei. assistimos tv na cama e depois
à noite não consegui gozar. acho que estava
pensando demais na mesa de mármore.
de certo era isso. não tenho nenhuma mesa de mármore
em casa, e quase nunca tinha problemas sexuais
em casa. só às vezes, mas
muito raramente.

eu não entendo todo
o negócio de antiguidades.

certo que é um grande
esquema.

a linda jovem passando pelo cemitério —

parei meu carro no sinal
e a vi passando pelo cemitério —

enquanto ela passava a grade de ferro
pude ver através da grade de ferro
e vi as lápides
pelo gramado.

o corpo dela se movia em frente a grade de ferro
as lápides não se moviam.

penso,
alguém mais vê isso?

penso,
ela repara nas lápides?

se repara
ela tem a sabedoria que não tenho
porque parece ignorá-las.

seu corpo se move entre elas
com uma fluidez mágica
e seus longos cabelos brilham
sob o sol das 3 da tarde.

o sinal abre
ela atravessa a rua em direção ao oeste
dirijo em direção ao oeste.

sigo pela costa
desço e corro
de lá pra cá
de frente pro mar por 35 minutos
vendo as pessoas lá e cá
com olhos orelhas e dedões
e várias outras partes.

ninguém parece se importar.

cerveja

não sei quantas garrafas de cerveja
consumi enquanto esperava as coisas
melhorarem.
não sei quanto vinho e whisky
e cerveja
sobretudo cerveja
eu consumi após
terminar com uma mulher —
esperando o telefone tocar
esperando pelo som dos passos,
e o telefone nunca toca
antes que seja tarde demais
e os passos nunca chegam
antes que seja tarde demais.
quando meu estômago já está saindo
pela boca
chegam elas como botões de flor recém abertos:
"que merda você fez consigo mesmo?
vai levar 3 dias para que você possa me comer!"

a fêmea é durável
ela vive sete anos a mais do que
o macho, e ela bebe muita pouca cerveja
porque sabe que é ruim pra
sua imagem.

enquanto estamos enlouquecendo
elas estão lá fora
dançando e rindo
com cowboys excitados.

bem, há cerveja
sacos e mais sacos de garrafas vazias de cerveja
e quando você pega uma
as garrafas rompem o fundo úmido
da sacola de papel
rolando
tilintando
cuspindo cinza molhada
e cerveja choca,
ou os sacos caem às 4 da
manhã
soando como se este fosse o único som de sua vida.
cerveja

rios e mares de cerveja
cerveja cerveja cerveja
o rádio toca canções de amor
enquanto o telefone continua mudo
e as paredes seguem
em pé e estáticas
e cerveja é tudo que há.

artista

de súbito me torno um pintor.
uma garota de Galveston me dá
50 dólares para pintar um homem
segurando uma bengala doce
enquanto flutua num céu escuro.

então um jovem com uma barba negra
aparece por aqui e
vendo a ele 3 por 80 dólares.
ele gosta de telas rudes
nas quais escrevo do avesso —
"cague" ou "GRANDE ARTE É BOSTA
DE CAVALO, COMPRE TACOS."

posso pintar um quadro em 5 minutos.
uso acrílica, jogando tinta na tela direto
do tubo.
faço o lado esquerdo primeiro
com minha mão canhota e então
termino o lado direito com a
destra.

agora o homem com a barba preta
aparece com um amigo com cabelo
espetado e uma loirinha vem com eles.

barba negra ainda é um merda:
vendo a ele um bando de merda —
um cão laranja com a palavra
"CÃO" escrita do lado.

espetado quer 3 quadros
pelos quais peço 70 dólares.
ele não tem o dinheiro.
fico com os quadros mas
ele promete me enviar uma
garota chamada Judy de
cinta-liga e salto alto.
ele já a informou sobre mim:
"um escritor de fama internacional", ele disse
e ela disse: "ah, não!" e tirou
o vestido pela cabeça.
"quero aquilo", falei a ele.
discutimos os termos do contrato
eu queria foder primeiro

e depois um boquete.
"que tal ela te chupar antes e
você comê-la depois?", perguntou.

"assim não funciona",
falei.

então concordamos:
Judy virá
mais tarde
e entregarei a ela os
3 quadros.
e assim estamos:
de volta ao escambo
a única maneira de vencer
a inflação.

apesar disso,
gostaria
de começar o Movimento pela Liberação do Homem:
quero que uma mulher *me* dê 3 dos quadros
dela depois de fazer
amor comigo,
e se ela não pode pintar
ela pode deixar comigo
um par de brincos de ouro
ou um pedaço de sua orelha
em homenagem àquele que
era capaz.

meu velho

16 anos de idade
durante a depressão
eu voltei pra casa bêbado
e todas as minhas roupas —
bermudas, camisetas, meias —
malas, e páginas e páginas
de contos
estavam largados sobre o
gramado da frente
e na rua.

minha mãe estava esperando
atrás da árvore:
"Henry, Henry, não
entre... ele vai
te matar, ele leu
suas histórias..."

"meto o pé
na bunda dele..."

"Henry, por favor, pegue
isto... procure um quarto
pra você."

mas o afligia a
hipótese de que eu
não terminasse o ensino
médio então me deixou
voltar.

certa noite ele entrou
com as páginas de uma
das minhas histórias
(que nunca havia submetido
a ele)
e ele disse: "esse
é um conto excelente".
eu disse: "ok".
me entregou as páginas
e eu li.
era a história sobre
um homem rico
que havia brigado com
sua esposa e saiu
de casa à noite
em busca de um café
e lá observou
a garçonete e a colher
e os garfos e o
saleiro e o pimenteiro
e o letreiro de neon

na janela
e então voltou pro seu estábulo
pra ver e tocar seu
cavalo favorito
que lhe
deu um coice na cabeça
o matando na hora.

de alguma maneira
essa história
significava algo pra ele
embora
enquanto eu a escrevia
não tivesse ideia sobre
o que escrevia.

então, disse a ele:
"ok, meu velho, tu pode
ficar com ela".
ele pegou a história
saiu do quarto
e fechou a porta.
acho que nunca
estivemos tão
próximos.

medo

ele vem até o meu Fusca
depois de já ter estacionado
e sacode de cá pra
lá soltando
risinho e fumaça
de cigarro.

"ei, Hank, notei
a frequência de mulheres
ao redor de sua casa ultimamente...
coisa boa; tá mandando
bem."

"Sam", eu disse, "isso não
é verdade; eu sou o mais
solitário filho de Deus."

"temos uma boa safra de garotas no
puteiro, deveria
experimentá-las."

"tenho medo desses lugares,
Sam, não posso entrar num lugar desses."

"vou te mandar uma garota então,
coisa boa de verdade."

"Sam, não me mande uma puta,
eu sempre me apaixono por
putas."

"tá certo, amigo", ele diz,
"me avise se mudar
de ideia."
vejo ele se afastando.
alguns homens estão
sempre dando as cartas.
eu, quase sempre, estou
confuso.

ele pode partir um homem
pela metade
e não saber quem foi
Mozart.

de qualquer forma
quem quer escutar
música
numa noite chuvosa
de quarta-feira?

tigrinhos por toda parte

Sam o cara do bordel
tem sapatos escandalosos
e anda de cima para baixo
no pátio
trocando escândalos com
os gatos.
pesa 140 quilos,
um assassino
e conversa com os gatos.
frequenta a casa de massagem para ver mulheres
e não tem namorada alguma
carro algum
não bebe nem chapa
seus maiores vícios são
mascar tabaco e
alimentar todos os gatos
do bairro.
algumas gatas ficam
prenhas
e então há mais e

mais gatos e toda
vez que abro a porta
um ou dois gatos
correm pra dentro e às vezes
me esqueço que estão aqui dentro
e eles cagam debaixo da cama
ou acordo à noite escutando
sons estranhos e pulo da cama
com a faca entre os dentes
sorrateiro entro na cozinha
pra encontrar um dos gatos de Sam
o cara do bordel andando pela
minha pia e ou sentado em cima
da minha geladeira.
Sam administra o antro de amor
na esquina
e suas garotas ficam
de pé na soleira sob o sol
e o sinal de trânsito fica
vermelho e verde e vermelho e verde
e todos os gatos do Sam
possuem parte do significado
assim como os dias e as noites.

depois da leitura

"...já vi gente tão atada à sua
máquina de escrever
que seus intestinos a qualquer momento
explodiriam o cu afora
como se estivessem tentando cagar."

"ah hahaha hahaha!"

"....é uma vergonha *tanto* esforço
pra escrever."

"ah hahaha hahaha!"
"ambição raramente tem alguma coisa
a ver com talento. sorte é melhor, e
o talento sempre chega mancando um pouquinho
logo atrás da sorte."

"ah haha."

se levantou e deixou o lugar com uma virgem de 18 anos, a mais

bonita entre todas as
graduandas.
fecho meu caderno
me levanto e saio mancando
um pouquinho logo atrás
deles.

sobre guindastes

por vezes depois de ter o traseiro
chutado com força pelas forças

você deseja ser um guindaste
se equilibrando numa perna só

em águas azuis

mas há
a
velha questão
você sabe:

não, você não quer ser
um guindaste
se equilibrando numa perna só

em águas azuis

o tormento não é

suficiente

e

a vitória
manca

um guindaste
não pode comprar uma lapa de bunda

ou

se enforcar meio-dia
em Monterey
essas são algumas
coisas

que humanos podem fazer

além
de se equilibrar numa perna só.

um relógio de bolso dourado

meu avô era um alemão dos altos
com um hálito estranho.
e ficava em pé de coluna ereta
em frente à sua casa
e sua esposa o odiava
e seus filhos o achavam esquisito.
tinha seis quando o vi pela primeira vez
e ele me entregou todas suas medalhas de guerra.
na segunda
me deu seu relógio de bolso dourado.
era muito pesado e o levei para casa
e dei-lhe corda com muita tensão
e ele parou de funcionar
o que me deixou bem mal.
nunca mais o vi
e meus pais nunca falaram nele
nem minha vó
que há muito tempo
tinha parado de viver com ele.
certa vez perguntei dele

e me falaram que
ele bebia demais
gostei ainda mais dele
em pé de coluna ereta
em frente de sua casa
dizendo: "olá, Henry, você
e eu nos
conhecemos".

viagem à praia

os homens fortes
os homens musculosos
repousam lá
nas areias da praia
bronzeados
e com os pesos
todos espalhados
intocados

repousam enquanto
as ondas vêm e
vão

repousam enquanto
o mercado de ações
faz e quebra
homens e famílias

repousam enquanto
um botão apertado

poderia transformar
seus caralhos em palitos
de fósforo queimados
e enrugados

repousam enquanto
suicidas em quartos verdes
trocam isso por espaço

repousam enquanto aposentadas
Misses Américas
choram diante de espelhos
enrugados

repousam
repousam com menos
vivacidade do que macacos
e minha mulher para e
olha para eles:
"oooh oooh oooh", ela
diz.

ando com minha
mulher enquanto as
ondas vem e vão.

"há algo errado com
eles", ela disse, "o que
é?"

"o amor deles corre
apenas em uma direção."

as gaivotas rodopiam e
o mar vem e vai.

deixamos eles lá
gastando o tempo
deles
este momento
as gaivotas
o mar
a areia.

um pro engraxate

o equilíbrio é preservado pelas lesmas que escalam
as falésias de Santa Mônica;
sorte é descer a Western Avenue
pra encontrar as meninas na casa de massagem
e elas te chamarem, "Olá, Docinho!"
milagroso é ter 5 mulheres apaixonadas
por você aos 55,
bondade é poder
amar apenas uma.
benção é ter uma filha mais gentil
que você, cuja risada é mais leve
que a sua.
a paz vem quando dirigimos
um Fusca azul 67 pelas ruas como
um adolescente, rádio sintonizado em Seu Apresentador Favorito
sentindo o sol e a solidez
do motor retificado
enquanto você costura o tráfego.
graça é ser capaz de apreciar rock, música
sinfônica, jazz...

qualquer coisa que contenha a energia original
da alegria.

e a probabilidade que retorna
é a da tristeza profunda
que afunda você
entre as paredes de guilhotina
a raiva do toque do telefone
ou os passos de um qualquer;
mas a outra probabilidade —
a batida animadora que se segue —
faz da garota do caixa do supermercado
parecer
Marilyn
como Jackie antes de terem levado seu amante de Harvard
como a garota do ensino médio que todos nós
acompanhamos até em casa.

há aquilo que te ajuda a acreditar
em algo pra além da morte:
alguém se aproxima atravessando
de carro uma rua estreita,
e ele ou ela param pra você passar
ou o velho boxeador Beau Jack
engraxa os sapatos
após ter queimado todo seu dinheiro
em festas
em mulheres
em parasitas,
cantarolando, respirando no couro,
trabalhando no trapo

olhando pra cima e dizendo:
"que merda, eu tive o mundo
por um tempo. isso compensa
tudo".

às vezes, sou amargo
mas no geral o sabor tem sido
doce, é o que tenho medo
de dizer. é como quando
sua mulher diz: "diga que
me ama", e você não
consegue.

se você me ver de risinho
no meu Fusca azul
atravessando o sinal amarelo
em direção ao sol
estarei seguro nos
braços de uma
vida louca
pensando em trapezistas
em anões fumando grandes charutos
em russos no inverno dos anos 40
em Chopin carregando o solo polonês
na velha garçonete me trazendo uma xícara
extra de café e
sorrindo.

o melhor de você
gosto mais do que você pensa.
os outros não contam

exceto os que têm dedos e cabeças
e alguns deles olhos
e a maioria deles pernas
e todos eles
sonhos bons e ruins
e um jeito de ir.

justiça está em todo lugar e não descansa
e as metralhadoras e os coldres
e as cercas te darão a prova
disso.

Este livro foi impresso pela Lisgráfica, em 2024, para a
HarperCollins Brasil. O papel do miolo é pólen natural 70g/m²,
e o da capa é cartão 250g/m².